DISCARD

Sopas, cremas y potajes

Sopas, cremas y potajes

Edición y coordinación: Jaume Prat
Diseño de interior y cubierta: La Page Original
Fotografía: Francesc Guillamet Ferran, Maribel Ruiz de Erenchun
Fotografía de cubierta: Jordi García / RBA
Maquetación: Aura Digit

Primera edición: marzo 2005

Ref. OLPG43 / ISBN: 84-7871-310-7
Dep. legal: B.16051-2005
Impreso por Egedsa

Sopas, cremas y potajes

s u m a r i o

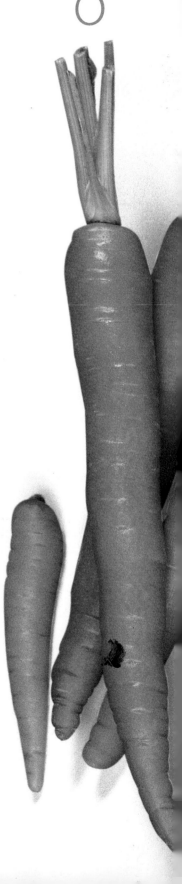

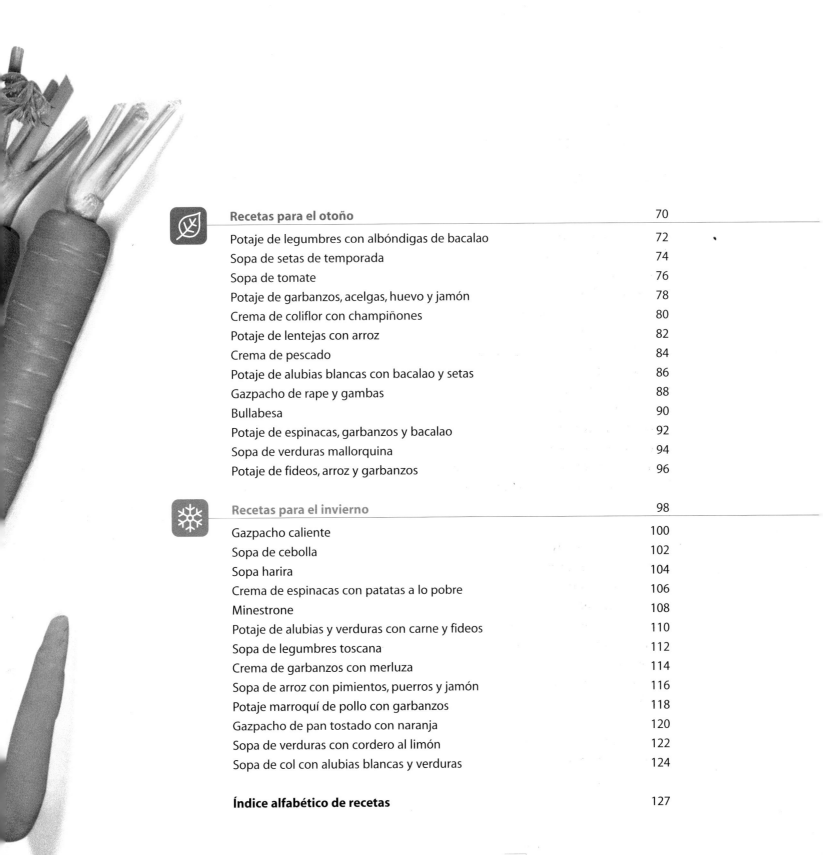

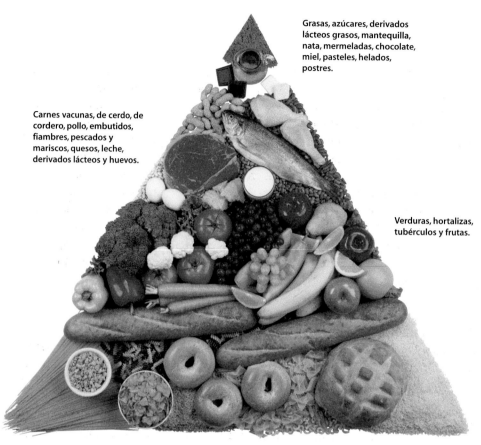

Grasas, azúcares, derivados lácteos grasos, mantequilla, nata, mermeladas, chocolate, miel, pasteles, helados, postres.

Carnes vacunas, de cerdo, de cordero, pollo, embutidos, fiambres, pescados y mariscos, quesos, leche, derivados lácteos y huevos.

Verduras, hortalizas, tubérculos y frutas.

Cereales, arroz, legumbres frescas, pan, harinas y derivados, pastas, sémolas, etc.

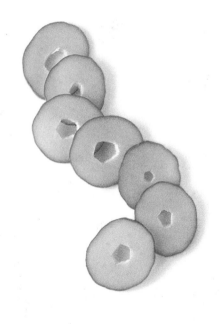

Las sopas, las cremas y los potajes en la pirámide nutricional

Sopas cremas y potajes son formas de elaboración culinaria que suelen estar compuestas por un gran número de ingredientes, básicamente hortalizas, legumbres, pasta y caldos, y, en menor medida, carnes y pescados. Por tanto, ocupan prácticamente toda la pirámide nutricional incluso su cúspide, ya que en muchas cremas se usan ingredientes como la leche y los derivados lácteos como el queso, la mantequilla o la nata líquida.

Así pues, nos encontramos ante unas recetas que, según el modo en que se elaboren y el número y proporción de sus ingredientes, tanto pueden resultar beneficiosas como perjudiciales para la nutrición y la salud. Una sopa o un potaje elaborados con carnes grasas de cerdo o de ternera, con huesos y embutidos, resultará muy sabrosa al paladar, pero al mismo tiempo se convertirá en una bomba de calorías y colesterol para el organismo. Lo mismo sucederá con una crema de verduras elaborada con un exceso de mantequilla, quesos grasos, nata líquida o leche entera.

c i ó n

La norma general para elaborar estos platos es muy fácil de aplicar: evitar siempre que se pueda –y casi siempre se puede– los ingredientes como las carnes grasas, los huevos, las mantequillas y los derivados lácteos grasos. Las carnes magras son muy fáciles de obtener y, en cualquier caso, con un poco de paciencia se pueden desgrasar fácilmente, la mantequilla casi siempre se puede sustituir por aceite de oliva, y en el caso de la leche y los derivados lácteos (muy frecuentes en las cremas por sus cualidades emulgentes) hay que buscar las marcas con bajo contenido en grasas, muy abundantes en la actualidad en el comercio (todos los productos englobados bajo la denominación importada *light*, aunque es conveniente examinar la etiqueta, porque no siempre cumplen las especificaciones prometidas). En cuanto a los huevos, bastante usados también en estos platos, hay que tener en cuenta que casi siempre son cocidos, nunca fritos, por lo que su contenido en colesterol no es tan alto. Además, casi siempre son un complemento que se puede eliminar.

El caldo, un elemento básico

Los caldos o fondos, imprescindibles en este tipo de platos, son el segundo elemento que contribuirá de forma decisiva al carácter saludable del plato. Si son de verduras o pescados poco grasos no habrá problema, pero en el caso de las carnes, incluso del pollo, hay que eliminar bien la grasa superficial, espumar el caldo, colarlo bien e incluso dejarlo enfriar para eliminar las impurezas y la grasa interna de los tejidos. No hay que olvidar, además, que tanto las verduras como las distintas legumbres son por sí mismas recursos gastronómicos de primera categoría, de sabor pronunciado y característico, y altamente recomendables, por lo que casi siempre permiten prescindir de las carnes en las diversas recetas.

Siguiendo todos estas reglas generales, las sopas, las cremas y los potajes desmentirán su mala fama de ser bombas de grasa y calorías para convertirse en un recurso de gran eficacia para una alimentación sana y equilibrada.

Significado de los iconos

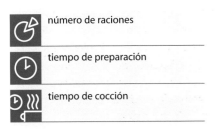

número de raciones

tiempo de preparación

tiempo de cocción

tiempo de refrigeración

dificultad

sistema de cocción

precio

Las especias como la canela, la pimienta, el clavo o el azafrán, y también otras más exóticas del mundo árabe, se usan con una frecuencia muy desigual: la pimienta, blanca o negra, molida o en grano, parece omnipresente, mientras que otras especias como la canela o el clavo sólo aparecen en contadas ocasiones.

Con las hierbas aromáticas sucede algo parecido: el laurel es habitual en la preparación de caldos, el perejil forma parte indisoluble de picadas y de algunos sofritos, mientras que la albahaca, por ejemplo, sólo suele aparecer en los platos de ascendencia italiana.

Las patatas son un clásico de los potajes y de las cremas. En estas últimas aparecen siempre aliadas con alguna hortaliza para dar consistencia y textura al resultado final.

Una gran diversidad

Pan, harina, huevos, carnes, pescados, mariscos, hortalizas y verduras de todo tipo, legumbres, arroz, pastas, vino, aceite, vinagre, especias, hierbas aromáticas… incluso fruta y en alguna ocasión una cucharada de azúcar. De hecho, todos los niveles de la pirámide nutricional están representados en las sopas, cremas y potajes, en un concierto dietético y gastronómico difícil de igualar. Sin embargo, las protagonistas indiscutibles son las verduras, las hortalizas y las legumbres, que dominan en casi todas las recetas, en las que los demás productos ejercen un papel complementario: los derivados lácteos y los huevos en las cremas, como elemento suavizante y emulgente, y los caldos de pescado y carne en sopas y potajes, como fondo de cocción.

Las coles y sus primas, las coliflores, pueden ser protagonistas de algunos platos, pero por regla general ejercen como comparsas de sopas y potajes.

Las legumbres, además de ser una base perfecta para algunas cremas, se erigen en ingrediente principal de diversos potajes y sopas, en combinaciones tan ricas como por ejemplo la sopa de legumbres toscana.

Las hortalizas frescas como las judías verdes, los guisantes, las habas tiernas, las alcachofas y los espárragos dan lo mejor de sí mismas en las recetas de temporada, aunque se pueden encontrar prácticamente durante todo el año.

El apio es el rey de los caldos: su frescura y su intenso toque aromático lo convierten en una herramienta perfecta para equilibrar los sabores. Además, también participa en numerosas cremas y sopas de verduras y legumbres.

Los mariscos como los mejillones y las gambas intervienen en solitario en platos muy completos, como diversas cremas, o acompañan a sopas de gran categoría como la bullabesa, junto con otros mariscos y pescados.

Los huevos, y la leche y sus derivados son muy importantes para lograr la textura deseada en las cremas y purés, pero hay que controlar su utilización por su alto contenido en grasas.

La carne de ternera, de cordero o de pollo proporcionan caldos de primera categoría, pero también pueden convertirse en complemento sólido en algunos platos como el potaje de garbanzos con pollo o el de alubias con carne y fideos.

La pasta, sobre todo la de medida corta, es con el caldo la base de las sopas más sencillas y tradicionales, pero se puede añadir también a numerosas sopas más complejas y a algunos potajes.

El queso, casi siempre rallado, es el remate final de muchas cremas y sopas. Aunque su toque de sabor es muy notable, se trata de un recurso opcional del que se puede prescindir para aligerar los platos.

El pan, en forma de miga remojada, tostado o frito, es muy frecuente en las sopas y cremas, y casi imprescindible en platos como los gazpachos.

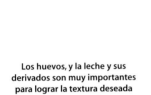

consejos

El equilibrio, fundamental

Si existe un término que defina a la perfección el buen hacer culinario a la hora de preparar sopas, cremas y potajes, éste es el equilibrio. Se trata de una conclusión muy lógica, ya que estas recetas son quizás las que combinan y entremezclan de manera más estrecha la gran variedad de ingredientes que ofrece la pirámide nutricional de la dieta mediterránea, desde las mantequillas y derivados lácteos grasos de la cúspide hasta los hidratos de carbono de la base. Este equilibrio –que no debe afectar en absoluto al sabor de la receta– se logra reduciendo al máximo los niveles grasos y calóricos de los ingredientes y aumentando los contenidos de verduras, hortalizas y legumbres, y de pescados y carnes poco grasos.

Caldos bajos en calorías

Para obtener un buen caldo que tenga mejor sabor y el mínimo de grasa, antes de poner a cocer la carne se mete en el horno precalentado con un chorro de aceite hasta que se dore un poco. Después, se retira sin aprovechar el jugo que ha soltado, se mezcla con la verdura y el agua fría, y se deja cocer durante 3-4 horas a fuego muy bajo y con la olla tapada. Y si se desea eliminar por completo la grasa, se deja enfriar el caldo después de colarlo y se retira la capa sólida que se forma en la superficie.

El caldo limpio (colado y sin grasa) aporta muy pocas calorías, pero hay que tener en cuenta que con esto no es suficiente, ya que aumentarán al añadirle ingredientes como la pasta, el arroz, los huevos o los derivados lácteos.

Para hacer un buen caldo de carne todos los ingredientes deben ponerse en frío para que el sabor y aroma se transmitan al líquido. Se sazona al inicio para facilitar la salida de los jugos, justo lo contrario de lo que se hace en otro tipo de preparaciones en las que lo que se quiere evitar es precisamente que se pierdan estos jugos. Hay que espumar de vez en cuando, y cocer siempre a fuego bajo y con el recipiente tapado, para que el hervor sea continuo y no se evapore el líquido con excesiva rapidez.

Conservación de caldos y fumets

Los caldos de carne, de pescado (fumets) y de verduras se pueden conservar de una manera muy fácil y cómoda en el congelador comprando bolsitas de plástico de las que se usan para hacer cubitos de hielo. Este método también se puede utilizar con las salsas. Una vez enfriado el caldo, se introduce en la bolsa con un embudo y se mete en el congelador. Este método es muy útil para reforzar el sabor de alguna sopa, crema o potaje con una pequeña cantidad de caldo.

Si se hace caldo en grandes cantidades, se puede congelar en recipientes de distinto tamaño adecuado al número de raciones de las recetas que se van a preparar en el futuro. Para descongelar, basta con unos minutos en el microondas o bien dentro de una olla a fuego lento (aunque tarda bastante más tiempo).

El punto de sal

Las sopas, cremas y potajes deben sazonarse al final, sobre todo si van acompañadas de ingredientes salados como el bacalao o el queso parmesano, o se usa en su elaboración caldo preparado comercial. En este último caso no necesitarán casi nada de sal, porque estos productos ya la llevan incorporada. Si una sopa ha quedado demasiado salada se dejan cocer en ella unas rodajas de patata que luego se retiran.

Las patatas

Cuando se elabora una receta y se pelan las patatas antes de utilizarlas inmediatamente, conviene mantenerlas sumergidas en agua fría, para evitar que se endurezcan y oscurezcan. Después, para saber si están cocidas, se introduce la punta de un cuchillo en el centro: si la patata no sube con la hoja al levantarlo, es que está ya en su punto óptimo de cocción. Finalmente, para que las patatas no se rompan al cocerlas se añade un chorrito de vinagre al agua de cocción.

Los mariscos

Para limpiar de arenilla las chirlas y las almejas es conveniente tenerlas en remojo con agua fría y un buen puñado de sal, durante al menos media hora. Luego se limpian bajo el grifo, se escurren y se ponen al fuego sin agua. Es importante recordar que apenas necesitan cocción, y que cuando las primeras conchas se empiecen a abrir se deben retirar del fuego. Después se dejan reposar unos minutos y se aprovecha el jugo que han soltado, ahora ya libre de arena e impurezas.

Si hay que cocer gambas para añadirlas a una crema, por ejemplo, resultarán mucho más sabrosas si se hierven unos minutos en agua en la que antes se ha hervido una cebolla y una zanahoria partidas en trozos grandes, una hojita de laurel y un pellizco de tomillo y otro de sal.

Las legumbres

Las legumbres, y especialmente los garbanzos, son un elemento primordial en los potajes, y también en las sopas y cremas. Casi siempre se pueden usar comprándolas cocidas o remojadas. Sin embargo, es importante conocer todos los pasos necesarios para su utilización si se adquieren secas.

Si se compran las legumbres secas, habrá que ponerlas en remojo durante 12 horas antes de cocerlas, con tres partes de agua por una de legumbres. Si el agua está muy clorada, hay que usarla embotellada. Antes de ponerlas en remojo, conviene lavarlas varias veces para eliminar las impurezas.

Con la cocción, las legumbres aumentan hasta 2'5 veces su volumen, un dato que hay que tener presente al preparar las raciones. Aunque las diferentes legumbres tiene tiempos de cocción ligeramente distintos, todas oscilan entre 90 y 120 minutos, y entre 20 y 30 en la olla a presión, aunque este último método hace más engorroso el control de la cantidad de líquido. Hay que evitar cocer juntas legumbres compradas en sitios y tiempos distintos, y por supuesto de diferentes cosechas.

Es importante añadir la sal, el vinagre y los zumos ácidos siempre al final de la cocción, ya que tienden a endurecer las legumbres y a alargar el tiempo necesario.

Si se usa la olla a presión es importante añadir un chorro abundante de aceite, para que la espuma producida por las legumbres no bloquee. la válvula de seguridad. Con la olla a presión se ahorra mucho tiempo, pero también se pierde un poco de sabor.

Estos son algunos trucos para las legumbres más tradicionales, como los garbanzos y las alubias:

El truco del bicarbonato consiste en añadirlo tanto en el remojo como en la cocción, con el fin de reblandecerlas más rápidamente; sin embargo, se destruirá parte de la tiamina y hará menos asimilables los aminoácidos, modificando negativamente su valor nutritivo.

El truco del agua fría se usa con las alubias para reblandecerlas y consiste en añadir agua fría cuando necesiten líquido. Dice la tradición que de este modo las alubias «se asustan» y quedan más blandas y suaves. También según la tradición, este truco no sirve para los garbanzos, que deben ser «asustados» con agua tibia o caliente.

primavera

La primavera es el tiempo ideal para elaborar sopas, cremas y potajes que requieran hortalizas frescas como los guisantes, las zanahorias o los espárragos trigueros, pues su aroma y su sabor son mucho más intensos que durante el resto del año.

6	60 min.	45 min.			●●	olla	●

Crema de espárragos

400 g de espárragos verdes

1 l de leche desnatada

1 cebolla mediana

1 clavo

6 granos de pimienta

1 ramillete de hierbas aromáticas

6 cucharadas soperas de crema
de arroz instantánea

100 g de nata líquida

60 g de mantequilla

sal

Un plato fácil de preparar y de un sabor y un aroma intensos gracias a los espárragos verdes, el clavo y la pimienta, que equilibran la suavidad de la crema de leche y la mantequilla. El escaso valor calórico de los espárragos compensa en esta receta el aporte de calorías de estos últimos ingredientes.

1 Pon a hervir la leche en una olla. Mientras se calienta, pincha en la cebolla, previamente pelada, el clavo y los granos de pimienta. Añádela a la leche, junto con el ramillete de hierbas, bien atado para que no se deshaga.

2 Toma unas cucharadas de la leche caliente y deslíe en ella la crema de arroz, hasta que obtengas una papilla fina, sin grumos. Añádela a la olla y remueve con una cuchara de madera hasta que se mezcle bien. Deja cocer a fuego muy bajo durante 20 minutos. Retira la cebolla y las hierbas.

3 En un recipiente aparte, hierve los espárragos, apenas cubiertos de agua con sal, hasta que estén tiernos al pincharlos con un tenedor (10-15 minutos, según el tamaño). Sácalos y guarda el agua de cocción. Corta las puntas y resérvalas.

4 Corta el resto de los espárragos en trozos, saltéalos unos minutos en una sartén con un poco de mantequilla y después añádelos a la crema de leche y arroz, con una taza del agua en que los has cocido. Déjalos hervir a fuego lento 5 minutos y después pásalo todo por un colador fino, aplastando los espárragos para que suelten todo su jugo.

5 Añade finalmente la nata líquida, rectifica de sal y ya se puede servir, adornando cada plato con las puntas de los espárragos que has reservado.

Esta crema de espárragos se puede adornar también con un poco de perejil trinchado muy finamente y con unas lonchas de jamón serrano sin grasa, cortado también a tiras muy finas.

Se puede servir fría, tras dejarla reposar en la nevera durante un par de horas, pero reservando las puntas de los espárragos hasta el momento de llevar a la mesa.

PROPIEDADES POR RACIÓN:

Proteínas: 9,5 g	H. Carbono: 16 g	Grasas: 12 g	Colesterol: 40,5 mg	Calorías: 210 kcal

4 | 45 min. | 35 min. | | ● | cazuela | ●●

4 rebanadas grandes de pan del día anterior

150 g de chirlas o almejas

150 g de gambas

1 l de caldo de verduras

3 dientes de ajo

4 huevos

1 ramita de perejil

1 hoja de laurel

4 cucharadas de aceite de oliva

1 cucharadita de pimentón

sal

Para facilitar la presentación en la mesa, puedes usar, en vez de la bandeja, cuatro cuencos o boles individuales aptos para el horno.

Si quieres aligerar esta sopa de su contenido calórico y graso, puedes eliminar los huevos y el paso por el horno. Déjala hervir durante 5-10 minutos más, para que se reduzca el líquido, y sírvela en los platos, encima de la rebanada de pan frito.

Antiguamente, esta sopa se solía preparar en una cazuela o una olla de barro.

Sopa de ajo con chirlas y gambas

Una versión enriquecida de la antiquísima sopa de ajo rural, aliada con los intensos sabores marinos de las gambas y las chirlas, dos de los ingredientes más característicos de la cocina marinera de las costas mediterráneas.

1   Coloca las chirlas o almejas en un cuenco con agua salada, para que se vayan abriendo y suelten la eventual arenilla.

2   Pela los ajos, quítales el corazón y córtalos en láminas finas. Déjalos pochar ligeramente a fuego muy bajo, sin que se doren, en una cazuela con una cucharada de aceite, junto con las cabezas de las gambas. Presiónalas con un tenedor para que suelten todo su jugo.

3   Cuando veas que los ajos van a empezar a dorarse, retira la cazuela del fuego, saca las cabezas de las gambas y añade el pimentón. Remueve un poco, agrega un litro de agua o de caldo de verduras y el laurel. Sazona si el caldo no tenía sal.

4   Coloca de nuevo la cazuela en el fuego y, cuando rompa a hervir, añade las chirlas abiertas y las colas de las gambas peladas. Tapa y deja hervir durante 5-10 minutos a fuego vivo.

5   En una sartén con un poco de aceite, a fuego muy bajo, fríe cuidadosamente las rebanadas de pan y ponlas a escurrir en papel absorbente. Precalienta el horno a 200 ºC.

6   Por último, coloca las rebanadas en una fuente para el horno, rompe un huevo encima de cada una de ellas y distribuye la sopa por los costados. Tapa la fuente con papel de aluminio y mete en el horno 2-3 minutos, hasta que los huevos queden cuajados. Antes de servir, espolvorea por encima el perejil picado muy fino.

PROPIEDADES POR RACIÓN:

Proteínas: 12,5 g   H. Carbono: 11 g   Grasas: 15 g   Colesterol: 234 mg   Calorías: 229 kcal

Sopa de zanahoria y naranja

700 g de zanahorias
2 naranjas grandes para zumo
1 cebolla mediana
1 patata grande
1 1/2 l de caldo de carne o de pollo
2 cucharadas de mantequilla
1 pizca de nuez moscada
4 láminas finas de queso
   parmesano
1 cucharada de cebollino picado
2 cucharadas de aceite de oliva
sal y pimienta

La primavera es la última oportunidad de disfrutar de las mejores naranjas, las frutas más emblemáticas de la cuenca mediterránea, que en esta receta abandonan su tradicional papel como postre para participar en una imaginativa y refrescante sopa.

1   Corta las zanahorias y la patata en rodajas finas. Pela y pica la cebolla muy pequeña. Pon a calentar el caldo.

2   En una cazuela con la mantequilla y el aceite, a fuego bajo, rehógalas hasta que la cebolla comience a dorarse y la zanahoria esté tierna. Ralla superficialmente la piel de una naranja y mézclala bien con el contenido de la cazuela.

3   Agrega el caldo caliente, reservando un vaso, mezcla bien y, cuando empiece a hervir, tapa la cazuela, baja el fuego y deja cocer 30 minutos, hasta que la zanahoria empiece a deshacerse. Salpimenta y añade la pizca de nuez moscada.

4   Retira la cazuela del fuego y tritura su contenido hasta que quede bien líquido. Después, pasa la sopa por el chino, para eliminar cualquier resto.

5   Añade a la sopa el zumo de las 2 naranjas exprimidas, remueve bien y vuelve a calentar un poco. Rectifica el punto de sal y, si ves que la sopa está demasiado espesa añade el caldo que has reservado.

6   Se sirve adornando los platos con las láminas de parmesano y el cebollino picado.

Es muy importante que las naranjas sean de una variedad especial para zumo, pues no siempre las mejores para comer son las que dan mejor zumo. La variedad navel, por ejemplo, es muy dulce si se consume fresca, pero al exprimirla su zumo adquiere un sabor ligeramente amargo.

La combinación de naranjas y zanahorias en un mismo plato constituye una importante aportación vitamica, ya que las zanahorias (muy ricas en vitamina A) apenas pierden sus componentes con la cocción, y la naranja es una gran fuente de vitamina C.

PROPIEDADES POR RACIÓN:

Proteínas: 6 g   H. Carbono: 29 g   Grasas: 13 g   Colesterol: 21,5 mg   Calorías: 257 kcal

4	30 min.	25 min.	120 min.	●		olla	●

Crema de calabacín

6 calabacines medianos
1 patata grande
125 g de queso fresco
2 cucharadas de mantequilla
2 vasos de leche desnatada
sal y pimienta

Aunque es una hortaliza veraniega, el calabacín de buena calidad puede encontrarse en los mercados a partir de los primeros meses de la primavera, y en forma de crema constituye un plato muy refrescante y ligero.

1   Pela los calabacines y la patata, y córtalos en trozos más bien pequeños. Colócalos en una olla cubiertos apenas de agua. Deja cocer durante 20 minutos, a fuego bajo y con la olla tapada.

2   Escurre bien la verdura, reservando el caldo de cocción, y colócala en un cuenco grande y hondo con la leche y el queso. Tritura con el minipimer hasta conseguir un puré bastante líquido. Si es necesario, añade un poco de caldo de la cocción.

3   En una fuente honda, con la batidora, bate las verduras con la leche y el queso hasta obtener un puré más bien líquido. Salpimenta.

4   En la misma olla en que ha hervido la verdura, derrite la mantequilla a fuego muy bajo y añade el puré, removiendo sin parar con una una cuchara de madera para evitar que se pegue.

5   Esta crema se puede tomar tibia o fría, después de dejarla reposar un mínimo de dos horas en la nevera.

Aunque hay quien aconseja pelar los calabacines, cuando se cuecen y después se reducen a puré es conveniente conservarla, ya que en ella se halla la mayor concentración de vitaminas y minerales. Además, proporcionan al plato un atractivo color verde.

Si quieres enriquecer el sabor de esta crema, añádele un par de puerros (la parte blanca) cortados en trocitos y hiérvelos con la patata y los calabacines.

Si no dispones de queso fresco, puedes sustituirlo por un par de quesitos desnatados.

PROPIEDADES POR RACIÓN:

Proteínas: 15 g   H. Carbono: 22,5 g   Grasas: 16 g   Colesterol: 149 mg   Calorías: 294 kcal

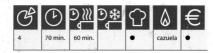

| 4 | 70 min. | 60 min. | | • | cazuela | • |

2 pechugas de pollo deshuesadas

500 g de puerros

500 g de zanahorias

500 g de apio

4 cucharadas de aceite de oliva

1 cucharada de mantequilla

1 cucharada de harina

1 vaso de leche desnatada

sal y pimienta

Si quieres enriquecer el sabor del pollo, trocea muy pequeña una de las pechugas, sofríela a fuego medio con un par de ajos picados, y reserva los trocitos para añadirlos a la crema en el último paso.

Para reducir el contenido graso de esta crema hay que eliminar concienzudamente la grasa del pollo y usar siempre leche desnatada. Otro truco consiste en eliminar la mantequilla y sustituirla por aceite de oliva, aunque entonces resulta un poco más difícil obtener la pasta espesante.

Crema de pollo con verduras

Una receta muy sencilla y nutritiva, que reúne las cualidades de la carne y las verduras, y resulta muy adecuada para los niños y para situaciones de convalecencia en que se necesita una buena dosis de energía.

1   Lava y pela las verduras y córtalas en trozos pequeños. Desgrasa bien las pechugas y córtalas también en trocitos o dados de un centímetro más o menos.

2   En una cazuela honda, con las 4 cucharadas de aceite, sofríe a fuego vivo las verduras y el pollo. Salpimenta, cubre apenas con agua, tapa la cazuela y deja hervir a fuego lento durante 45 minutos.

3   Pasado este tiempo, retira la cazuela del fuego y cuela su contenido sobre otra cazuela. Reserva el caldo.

4   En una sartén, derrite la mantequilla, agrega la harina y remueve hasta obtener una pasta homogénea, sin grumos. Añade esta pasta al caldo, mezcla bien y deja cocer durante 10 minutos, sin dejar de remover, para que no se pegue. Retira del fuego.

5   Bate con el minipimer las verduras escurridas hasta obtener un puré, y acaba de picar los trozos de pollo, tan pequeños como puedas. Agrégalos al caldo, pon a calentar a fuego muy bajo, evitando que hierva, y añade poco a poco la leche, hasta obtener una consistencia cremosa. Antes de servir comprueba el punto de sal y pimienta.

PROPIEDADES POR RACIÓN:

Proteínas: 26 g   H. Carbono: 22 g   Grasas: 18 g   Colesterol: 72 mg   Calorías: 354 kcal

1/2 kg de patatas
2 puerros grandes
1 cebolla grande
2 yemas de huevo
1/2 vasito de vino blanco seco
4 rebanadas de pan del día
   anterior
4 cucharadas de aceite de oliva
sal y pimienta

Potaje de puerros y patatas

Aunque los potajes se suelen asociar al invierno, a los productos grasos del cerdo y al exceso de grasas y calorías, existen muchas recetas de potajes que pueden resultar extraordinariamente ligeros y, al mismo tiempo, nutritivos.

1   Lava y pela los puerros. Elimina la parte verde y córtalos en cuatro partes, a lo largo, y después en trozos pequeños. Pela y corta las patatas también en trozos más bien pequeños.

2   Pica la cebolla finísima y sofríela muy lentamente, en una sartén a fuego bajísimo, con una cucharada de aceite, hasta que quede casi caramelizada, durante 30 minutos más o menos. A intervalos, agrégale el vino blanco y déjalo reducir del todo.

3   Corta el pan a cuadraditos y fríelos en otra sartén con el resto del aceite. Deja escurrir bien en papel absorbente.

4   En una olla con agua salada (unos dos litros), hierve los puerros y las patatas durante 30 minutos. Cuando falten 10 minutos, añade la cebolla sofrita y bien escurrida. Salpimenta.

5   Mientras, separa las yemas de los huevos y desecha las claras (o guárdalas en la nevera para otra receta). Bátelas en un plato hondo con un tenedor y mézclalas con un vaso del agua de la cocción de las verduras

6   Añade esta mezcla a la olla y remueve bien para que se mezcle de modo homogéneo. El potaje se sirve acompañado con el pan frito.

Aunque tradicionalmente este potaje incluye las yemas de huevo y el pan frito, se puede soslayar su utilización tostando el pan en el horno, sin aceite, y sustituyendo las yemas por 4 cucharadas de leche desnatada. El resultado final no es tan sabroso, pero mucho más ligero e igual de nutritivo.

Para darle un sabor distinto y más acentuado, puedes reducir las patatas a la mitad y doblar la cantidad de puerros y cebolla.

PROPIEDADES POR RACIÓN:

Proteínas: 7 g	H. Carbono: 32 g	Grasas: 13 g	Colesterol: 273 mg	Calorías: 123 kcal

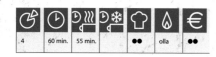

4	60 min.	55 min.		●●	olla	●●

500 g de gambas frescas

2 anchoas en vinagre

20 g de alcaparras

20 g de pepinillos en vinagre

**4 rebanadas de pan del día
  anterior**

**1 cucharadita de tomate
  concentrado**

1 vasito de vino blanco

1 limón

1 diente de ajo

1 hoja de laurel

1 ramita de romero

1 ramita de perejil

4 cucharadas de aceite de oliva

sal y pimienta

Ésta es una sopa de sabores muy
pronunciados, que se pueden
suavizar reduciendo a la mitad o
eliminando del todo las alcaparras,
los pepinillos y las anchoas.

Para reducir el tiempo de
preparación, puedes pasar las
cabezas de las gambas por una sartén
con un poco de aceite y un par de
cucharadas de vino, machacarlas
después en el mortero y aprovechar
sólo el jugo resultante para añadirlo
a la sopa en el último paso.

Sopa de gambas con anchoas y alcaparras

Una receta imaginativa y original, de sabor pronunciado y muy aromático,
ideal para sorprender a los amigos e invitados gracias a los contrastes entre
sus distintos ingredientes.

1 Pon a cocer las gambas en una olla con un litro y medio de agua, sal, la hoja
   de laurel y la piel del limón. Déjalas hervir 5 minutos, escúrrelas, retira el laurel
   y la piel de limón. Reserva el caldo y pela las colas. Resérvalas también.

2 Coloca las cabezas de las gambas en una vaso de la batidora, con un vaso del
   agua de cocción, y tritúralas bien.

3 Coloca de nuevo en la olla el caldo, mezcla el puré obtenido con las cabezas,
   sazona y pon la olla a fuego vivo con la ramita de romero. Deja hervir hasta que
   el caldo se reduzca a la mitad (30 minutos aproximadamente).

4 Cuela esta sopa con un colador muy fino, para eliminar todos los restos.

5 En un mortero, pica las anchoas (previamente limpiadas y aderezadas con
   un chorro de vinagre), el ajo, el perejil, y los pepinillos y las alcaparras bien
   escurridos. Después, en otra olla con el aceite, rehoga este picadillo con el
   tomate concentrado, añade el vino y deja reducir. Salpimenta.

6 Añade al caldo colado y deja hervir durante 15 minutos. Cuando falten 2
   minutos, añade las colas de gamba peladas. Se sirve con pequeños dados de
   pan frito y bien escurrido en papel absorbente, o bien con una rebanada
   entera tostada y colocada encima de la sopa.

PROPIEDADES POR RACIÓN:

Proteínas: 11,5 g	H. Carbono: 10 g	Grasas: 14 g	Colesterol: 94 mg	Calorías: 212 kcal

| 6 | 30 min. | 50 min. | | • | olla | • |

500 g de alubias blancas cocidas

90 g de fideos

1 cebolla mediana

2 zanahorias

2 ramas de apio blancas

3 dientes de ajo

1 corteza pequeña de queso
** parmesano**

60 g de jamón ibérico (opcional)

1 ramita de perejil

3 hojas de laurel

3 cucharadas de aceite de oliva

sal y pimienta

En Italia se añade tradicionalmente a esta sopa una cucharada abundante de queso parmesano rallado, una pizca de pimienta negra molida al momento y un buen chorro de aceite de oliva virgen de buena calidad. Piensa que si vas a usar el parmesano, conviene que a la sopa le falte un poco de sal, ya que el parmesano de buena calidad es un queso bastante salado y de sabor fuerte.

Esta sopa también se toma sin licuar parte de las alubias y las verduras, como un plato más líquido.

Sopa de pasta con alubias

Pasta e fagioli: uno de los platos tradicionales de la cocina del centro de Italia, que se consume durante todo el año y que, al contrario de lo que se podría pensar, puede llegar a resultar muy refrescante y ligera, hasta el punto de que se toma incluso en verano.

1   En una olla grande, coloca el aceite de oliva, la cebolla, las zanahorias y el apio cortados a trozos pequeños, los ajos enteros, el laurel, el perejil picado y el jamón desgrasado y cortado a tiras si has decidido utilizarlo. Rehoga a fuego bajo, durante 10 minutos, removiendo con frecuencia, hasta que las verduras estén blandas.

2   Añade 2 litros de agua y la corteza de parmesano, tapa la olla y deja hervir a fuego medio durante 20 minutos. Añade las alubias, salpimenta un poco y deja hervir 10 minutos más.

3   Retira la olla del fuego, y con una espumadera retira la mayor parte de las alubias y resérvalas. Retira también el laurel.

4   Con el minipimer, y en la misma olla, licúa la sopa que ha quedado, añade los fideos y déjalos cocer hasta que estén medio hechos. Consulta el tiempo de cocción en el envase, ya que puede variar bastante según el grosor y la marca.

5   Devuelve a la olla las alubias y verduras que has separado y deja cocer de nuevo hasta que los fideos estén en su punto. Remueve de vez en cuando para que no se pegue y rectifica de sal si es necesario. Al final, retira también la corteza de queso.

PROPIEDADES POR RACIÓN:

Proteínas: 11 g   H. Carbono: 28 g   Grasas: 8 g   Colesterol: 7 mg   Calorías: 228 kcal

4	30 min.	40 min.		•	horno	•	

Crema de berenjenas

750 g de berenjenas medianas

1 cebolla pequeña

1 tomate maduro mediano

1 diente de ajo

4 cucharadas de zumo de limón

4 cucharadas de aceite de oliva

2 ramitas perejil

sal y pimienta

Las berenjenas, aunque son una hortaliza típicamente veraniega, ya se pueden encontrar de buena calidad a finales de primavera. Aunque se suelen emplear más asadas al horno o formando parte de pistos y guisos de verduras, también se pueden convertir en protagonistas absolutas de una crema extraligera, con cero mg de colesterol.

1 Corta las berenjenas por la mitad, a lo largo, y haz también unos cortes longitudinales para facilitar la cocción. Sazónalas un poco y déjalas escurrir durante 30 minutos.

2 Precalienta el horno a 200 ºC. Escalda y pela el tomate, y sofríelo ligeramente en una sartén junto con el ajo y la cebolla picados finos, en una cucharada de aceite.

3 En una bandeja para el horno, coloca las berenjenas y déjalas asar durante 30 minutos.

4 Cuando se hayan enfriado un poco, recoge la pulpa con una cuchara y pásala por la batidora junto con el sofrito, el resto del aceite, el perejil, el zumo de limón, sal y pimienta. Si te queda demasiado espesa, puedes aclarar la crema con un poco de caldo de verduras o, si lo prefieres, con nata líquida.

Para acompañar este plato son ideales los bastoncitos de zanahoria y de apio tiernos, o tiras de pimiento rojo crudo. Ten en cuenta que las zanahorias de primavera, hasta marzo, son las más dulces y ricas en vitaminas.

También se puede acompañar con una salsa de queso de cabra fresco, nata líquida (o leche desnatada) y una pizca de pimienta blanca recién molida, hecha con el minipimer y rociada por encima de los platos en el momento de servir.

PROPIEDADES POR RACIÓN:

Proteínas: 2 g   H. Carbono: 10 g   Grasas: 9 g   Colesterol: 0 mg   Calorías: 129 kcal

6 | 25 min. | 35 min. | • | cazuela | •

500 g de lentejas cocidas

2 tomates maduros

2 ramas de apio blancas, del centro

6 anchoas en aceite

1 l de caldo de verduras

100 g de queso parmesano

50 g de mantequilla

4 rebanadas pan

2 dientes de ajo

4 hojas de salvia

3 cucharadas de aceite de oliva

sal

Aunque ésta es una sopa que no resulta demasiado apetitosa tomada fría, se puede convertir en una crema tibia si, después de añadir las lentejas, eliminas una buena parte del caldo y bates el contenido con el minipimer.

En este caso, se puede acompañar con dados de pan frito con un ajo picado y bien escurrido en papel absorbente, y con el queso espolvoreado por encima.

Sopa de lentejas con queso y anchoas

Una sopa reconstituyente y nutritiva, protagonizada por una de las legumbres más populares de la dieta mediterránea, para esos días en que el sol primaveral todavía no consigue alejar del todo los fríos invernales.

1   Reduce las anchoas a una pasta en un mortero con una cucharada de aceite, un par de dados de pan tostado, los ajos y la salvia.

2   En una cazuela con el aceite restante y la mantequilla, rehoga a fuego bajo los tomates pelados y el apio picados muy pequeños.

3   Añade la pasta que has hecho en el mortero, remueve un poco, deja rehogar 5 minutos más y añade el caldo de verduras. Deja hervir durante 15 minutos a fuego medio.

4   Pasado este tiempo, añade las lentejas, remueve el contenido, prueba el caldo y sazona si es necesario, pero con mucho cuidado porque la pasta de anchoas ya es bastante salada. Deja hervir 5 minutos más, para que todos los ingredientes queden bien ligados.

5   Coloca una rebanada de pan ligeramente tostado en el fondo de cada plato, cúbrelas con el queso y vierte la sopa bien caliente por encima.

PROPIEDADES POR RACIÓN:

Proteínas: 17,5 g | H. Carbono: 18 g | Grasas: 16 g | Colesterol: 43,2 mg | Calorías: 286 kcal

4	30 min.	20 min.		●	olla	●●

200 g de gambas o cigalas

200 g de almejas

200 g de rape

400 g de mejillones

150 g de puré de patata instantáneo

1/2 l de nata líquida

perejil

sal

Crema de mariscos y rape

El marisco es uno de los grandes protagonistas en la cocina del Mediterráneo, y las cremas y sopas elaboradas con mariscos frescos resultan deliciosas por su delicado sabor y muy recomendables por su cómoda digestión.

1   Cuece las gambas y el rape en una olla con un litro de agua y sal. Deja hervir durante 15 minutos y espuma bien cuando arranque el hervor.

2   Mientras, coloca en una olla con un vaso de agua y un poco de sal las almejas y los mejillones, y ponla a fuego medio hasta que se abran. Cuela el caldo resultante con un colador fino y elimina las conchas del marisco, aunque si lo prefieres puedes dejarlas (las de los mejillones bien limpias) para dar más vistosidad al plato.

3   Cuela también el caldo del rape y las gambas y resérvalo. Pela las gambas y elimina las pieles y espinas del rape. Si te has decidido por las cigalas, puedes dejarlas eneteras.

4   Prepara el puré de patata con la cantidad necesaria de los dos caldos mezclados, y mezcla este puré paulatinamente con el resto del caldo (excepto un vaso), hasta obtener una consistencia cremosa. Añade la nata líquida y mézclalo todo bien con el minipimer.

5   Con el vaso de caldo sobrante, reduce a puré el rape, y añade este puré a la sopa. Sazona el conjunto, remueve bien y pon la olla a calentar a fuego bajo, durante algunos minutos, con las gambas, las almejas y los mejillones. Se sirve espolvoreada con perejil picado.

Como es natural, esta crema resulta un poco cara si se compran los mariscos y el pescado frescos y de primera calidad. Si quieres reducir el precio, puedes comprar chirlas y las gambas congeladas. Aunque el resultado no es tan espectacular en cuanto al sabor, puede resultar muy aceptable.

Otra manera de abaratar esta crema consiste en sustituir el rape por morralla (pescado barato para caldo), cangrejos, galeras, etc. Con un tomate, una cebolla y un par de dientes de ajo obtendrás un excelente fumet, quizá incluso más sabroso que el caldo de rape.

PROPIEDADES POR RACIÓN:

Proteínas: 18 g	H. Carbono: 18 g	Grasas: 24 g	Colesterol: 125 mg	Calorías: 328 kcal

| 4 | 20 min. | 60 min. | | | • | cazuela | • |

250 g de lentejas de cocción
rápida
1 kg de espinacas frescas o
congeladas
1 cebolla mediana
1 zanahoria grande
1 puerro mediano
1 pimiento verde
2 dientes de ajo
4 cucharadas de aceite de oliva
sal

Las espinacas frescas se pueden
encontrar en el mercado
prácticamente durante todo el año,
pero su temporada natural va de
septiembre a noviembre y de febrero
a abril. Las primaverales suelen ser
de hojas más pequeñas y oscuras que
las de invierno, pero son igualmente
nutritivas.

Las espinacas también combinan
muy bien con los garbanzos y, junto
con los huevos duros y el bacalao,
son el ingrediente principal de
algunos de los potajes tradicionales
más típicos de la Cuaresma.

Potaje de lentejas y espinacas

Los potajes compuestos de verduras como las espinacas y legumbres como las lentejas y los garbanzos son una fuente de vitaminas y minerales, resultan muy nutritivos y, al mismo tiempo, son muy saludables por la ausencia casi total de grasas.

1   En una cazuela honda, coloca las lentejas cubiertas por el doble de su volumen de agua fría.

2   Pela la cebolla y pártela por la mitad, pela la zanahoria y el puerro (deja sólo la parte blanca), parte en dos el pimiento y elimina el tallo y las pepitas, y pela los ajos. Añade todos estos ingredientes a la cazuela y colócala al fuego, sin tapar.

3   Deja cocer durante 35 minutos a partir del momento en que arranque el hervor. Pasado este tiempo, con unas pinzas, recupera todas las verduras (incluso los ajos) y tritúralas hasta obtener un puré.

4   Añade el puré de nuevo a la cazuela de las lentejas, remueve bien y deja cocer durante 10-15 minutos más. Sazona.

5   Si has conseguido espinacas frescas lávalas varias veces, porque suelen tener tierra. Córtalas a tiras de un un centímetro, después de desechar la parta más baja del tallo, y agrégalas a la cazuela. Deja hervir 10 minutos más.

6   Por último, rectifica de sal, apaga el fuego, añade el aceite de oliva y mezcla bien todo el conjunto.

PROPIEDADES POR RACIÓN:

| Proteínas: 13 g | H. Carbono: 14 g | Grasas: 12 g | Colesterol: 0 mg | Calorías: 216 kcal |

6 | 30 min. | 50 min. | • | cazuela | •

2 pechugas de pollo deshuesadas

75 g de almendras crudas

100 g de garbanzos cocidos

2 puerros

2 zanahorias

2 ramitas de apio blancas, del
   centro

50 g de jamón ibérico sin grasa,
   en una loncha

2 yemas de huevo

1 clara de huevo

2 cucharadas de oporto

4 cucharadas de aceite de oliva

sal

Cuando uses apio en tus caldos,
parte las ramas con las manos, en vez
de cortarlas con un cuchillo. Las
abuelas dicen que de este modo su
sabor se difunde mejor en el líquido
de cocción.

Aunque tradicionalmente se usa
el jamón sólo como ingrediente para
enriquecer el caldo, es una lástima
desaprovecharlo, y además queda
muy bien como adorno de última hora
en el plato cortado en tiras finísimas.

Sopa de pollo con almendras y garbanzos

Ésta es una sopa reconstituyente que reúne en su elaboración una gran diversidad de ingredientes, desde las carnes de cerdo o pollo hasta los frutos secos, pasando por las verduras y los huevos para acabar con el aromático toque del vino de Oporto.

1   En una olla grande, pon a hervir 3 litros de agua con sal y una cucharada de aceite de oliva.

2   Limpia, pela y corta en trozos grandes las zanahorias y los puerros (la parte blanca), y échalos en la olla junto con el jamón y las ramitas de apio, partidas por la mitad con la mano.

3   Añade las pechugas, deshuesadas y sin piel ni rastros de grasa. Deja hervir a fuego vivo con la olla destapada hasta que el caldo quede reducido a la mitad, durante unos 45 minutos. Si utilizas la olla a presión, bastará con 25 minutos

4   Cuela el caldo con un colador fino y reserva el jamón y el pollo. Vuelve a echar el caldo en la olla, bate la clara a punto de nieve y añádela al caldo. Cuando se cuaje, la retiras con la espumadera. A esta operación se le llama clarificar el caldo.

5   Corta las pechugas a taquitos o tiras finas. Machaca las almendras en el mortero hasta conseguir una pasta, añadiendo el oporto y alguna cucharadita de caldo, si hace falta, para facilitar la operación.

6   Añade a esta pasta los trocitos de pollo y las yemas de huevo, y mezcla bien con una espátula de madera. Por último, añade la pasta y los garbanzos cocidos a la cazuela del caldo, remueve un poco, rectifica de sal y deja hervir a fuego bajo durante 10 minutos.

PROPIEDADES POR RACIÓN:

Proteínas: 33 g   H. Carbono: 7 g   Grasas: 12,5 g   Colesterol: 125 mg   Calorías: 272,5 kcal

| 4 | 35 min. | 45 min. | | ●● | olla | ●● |

400 g de rape

8 almejas

8 gambas

200 g de macarrones

150 g de arroz

200 g de tomate triturado

4 patatas medianas

1 zanahoria

1 puerro

1 pimiento verde

1 cebolla grande

1 diente de ajo

1 vasito de vino blanco

4 cucharadas de aceite de oliva

sal y pimienta

Uno de los secretos de esta receta es el punto de cocción de los macarrones y el arroz, que no deben estar demasiado cocidos, ya que la fécula desprendida daría a todo el conjunto una consistencia demasiado espesa.

Otro punto a tener en cuenta es la necesidad de que el rape, las gambas y las almejas también estén poco cocidos, ya que si hierven demasiado pierden parte de su aroma marino y su carne se endurece.

Esta receta queda muy bien también con fideos gruesos o medianos. Si son medianos, se pueden añadir al mismo tiempo que el arroz.

Potaje de pescado y marisco con macarrones

No es frecuente la presencia de los macarrones junto a mariscos y pescados, pero en este potaje el resultado final resulta tan sabroso como atrayente por la sorprendente combinación de texturas y sabores.

1   Pon las almejas en un recipiente con agua y sal para que suelten la arenilla.

2   Cuece los macarrones al dente (mira las instrucciones del paquete) en una olla con abundante agua, sal y 2 cucharadas de aceite. Retíralos con un escurridor, sin tirar el agua.

3   Prepara un sofrito con el resto del aceite, la cebolla rallada, el tomate y el ajo picado fino. Hazlo rapidito, con el fuego medio, removiendo sin parar para que no se pegue y añadiendo poco a poco el vino blanco hasta que se reduzca.

4   En la misma agua de los macarrones, pon a cocer las patatas cortadas en rodajas de un centímetro, junto con la zanahoria, el puerro y el pimiento cortados a rodajas o trozos más bien pequeños. Cuando hayan hervido 10 minutos, añade el arroz. Salpimenta.

5   A media cocción del arroz (el tiempo depende de la variedad que uses), añade a la olla el sofrito, además de los macarrones reservados, el rape sin espinas y cortado a dados, las almejas bien escurridas y lavadas, y las gambas después de cortarles las antenas.

6   Deja hervir 5 minutos (no más, para que no se endurezcan el pescado y los mariscos), hasta que los macarrones estén en su punto. Rectifica de sal si es necesario. Si ves que el potaje ha quedado demasido líquido, retira parte del caldo.

PROPIEDADES POR RACIÓN:

| Proteínas: 17 g | H. Carbono: 65 g | Grasas: 8 g | Colesterol: 32,5 mg | Calorías: 400 kcal |

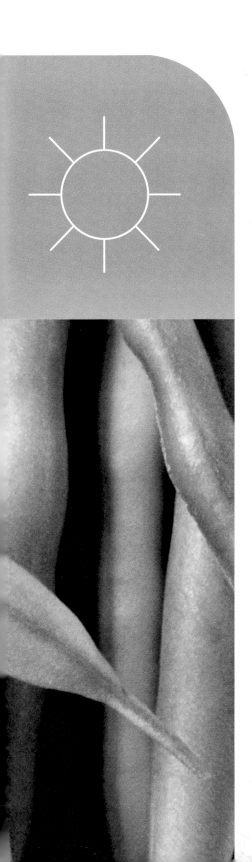

verano

Las cremas más frescas y las sopas frías como los gazpachos ocupan los meses veraniegos, aunque también algunas sopas tibias y reconstituyentes, elaboradas con productos de temporada, resultan adecuadas para los días menos calurosos.

| 4 | 30 min. | 20 min. | 120 min. | ● | cazuela | ● |

1 apio grande fresco

1 vaso de zumo de naranja

1 l de caldo de verduras

6 cucharadas de puré de patata
instantáneo con leche

4 cucharadas de jerez seco

2 cucharada de menta fresca

4 cucharadas de aceite de oliva

pimienta blanca molida

sal

Crema fría de apio a la naranja

Ésta es quizás una de las cremas más ligeras y refrescantes que existen, muy digestiva y rica en vitaminas y minerales. Es ideal para los días calurosos de la primavera y también del verano, aunque entonces las naranjas no estén en su mejor temporada.

1. Escoge la parte más blanca y tierna del apio, y pícala muy pequeña hasta obtener unas dos tazas de picadillo muy fino.

2. Pon al fuego una cazuela honda con el aceite y rehoga el apio picado durante 10 minutos, a fuego medio, hasta que empiece a ablandarse. Salpimenta y agrega la mitad del caldo.

3. Retira del fuego, y bate el contenido con el minipimer hasta que tenga una consitencia cremosa, agrega el resto del caldo y bate un poco más. Si ves que han quedado hilos, pasa la crema por el chino.

4. Pon la cazuela de nuevo al fuego y, cuando empiece a hervir, retírala, añade los copos de puré de patata y mezcla bien para que no queden grumos. A continuación, añade el zumo de naranja y el jerez, y mezcla de nuevo.

5. Pasa el contenido a una sopera o a un cuenco grande, cúbrelo muy bien con papel de aluminio, de modo que quede herméticamente cerrado, y déjalo reposar en la nevera durante una o dos horas. Se puede servir decorando los platos con la menta fresca picada.

Para acabar de adornar y rematar esta receta, puedes tostar un par de cucharadas de piñones en una sartén con unas gotas gotas de aceite y repartirlas sobre los platos.

El otro fruto seco que combina muy bien con el apio son las nueces. Si quieres añadir a la crema un toque de su delicado sabor amargo, machácalas en un mortero con una cucharada de jerez y vierte la pasta obtenida en la cazuela en el paso 3, antes de colar con el chino.

Esta crema también se puede hacer añadiendo un par de puerros picados en el primer paso.

PROPIEDADES POR RACIÓN:

| Proteínas: 2 g | H. Carbono: 10 g | Grasas: 11 g | Colesterol: 3 mg | Calorías: 147 kcal |

4	20 min.	45 min.	120 min.	●	cazuela	●

2 puerros grandes

2 patatas grandes

1 cebolla mediana

1 cucharada de mantequilla

2 vasos de caldo de verduras

2 vasos de leche desnatada

1 vaso de nata líquida

1 ramita de perejil

1 ramita de menta

sal y pimienta

Crema de puerros y patatas

La crema de puerros y patatas, la famosísima *vichyssoise* francesa, es un plato que admite múltiples combinaciones y variantes, y que se puede tomar a cualquier temperatura: caliente, tibia y fría.

1   Derrite la mantequilla en una cazuela a fuego bajo (2-3 minutos) y, a continuación, rehoga durante unos 10 minutos la cebolla rallada y la parte blanca de los puerros cortadas a rodajas muy finas.

2   Mientras, pela y corta las patatas en láminas bien finas y añádelas a la cazuela cuando la cebolla y los puerros empiecen a estar ligeramente dorados. Sigue rehogando durante 5 minutos más.

3   Añade el caldo y deja cocer a fuego medio con la cazuela tapada durante 30 minutos aproximadamente, hasta que las patatas empiecen a deshacerse.

4   Retira la cazuela del fuego y deja enfriar. Salpimenta. Después, bate el contenido con el minipimer o la batidora. Añade la leche poco a poco y vuelve a batir hasta lograr una consistencia cremosa. En el último momento se añade la crema de leche.

5   Se puede servir decorando los platos con una hojita de menta y el perejil picado.

Aunque tradicionalmente la crema de puerros se toma tibia, es deliciosa muy fría, después de dejarla reposar en la nevera durante un par de horas o más, o incluso hasta el día siguiente.

Una forma muy sabrosa de complementar y enriquecer esta crema consiste en añadirle, cuando ya está en el plato, una cucharadita de champiñones salteados a fuego vivo en una sartén con ajo y perejil picados y un poco de sal.

Otra forma de añadir nuevos sabores consiste en machacar con el mortero un par de cucharadas de almendras crudas y añadirlas al conjunto en el paso 4.

PROPIEDADES POR RACIÓN:

Proteínas: 12 g	H. Carbono: 35 g	Grasas: 31 g	Colesterol: 105,5 mg	Calorías: 467 kcal

Crema de mejillones

500 g de cabezas de pescado
(rape, merluza) o de morralla
3 kg de mejillones
2 vasos vino blanco seco
1 vaso de nata líquida
1 rama de apio
1 cebolla
1 tomate maduro
1 hoja de laurel
1 ramillete de hierbas aromáticas
sal y pimienta

El mejillón, rico en hierro y en proteínas, y de excelente sabor, es quizá el marisco de precio más asequible del mercado y uno de los que permite mayores posibilidades en la cocina, ya que se puede preparar de muchísimas maneras, desde cocido al vapor hasta formando parte de guisos y ensaladas.

1   Prepara una olla con un litro y medio de agua con sal, el apio, el laurel, y el tomate y la cebolla pelada partidos en cuatro trozos. Añade el pescado y las hierbas. A partir del momento en que empiece a hervir, deja cocer a fuego medio, con la olla destapada, durante 30 minutos. Cuando arranque el hervor, retira varias veces la espuma de la superficie.

2   Pasada la media hora, retira la olla del fuego, cuela el caldo y resérvalo.

3   Limpia bien las cáscaras de los mejillones con un cuchillo, bajo el chorro del agua del grifo, y ponlos en una cazuela tapada sin agua. Déjala a fuego vivo durante unos minutos, hasta que se abran.

4   Cuela el líquido que han soltado con un tamiz o un colador finísimo, desprende los mejillones de sus conchas cuando se hayan enfriado un poco, y resérvalos. Si las conchas están bien limpias, puedes dejarlas.

5   En una olla limpia, mezcla el caldo de pescado con el vino y con el agua de los mejillones, y ponlo a hervir a fuego vivo durante 30 minutos aproximadamente, hasta que quede reducido a la mitad, con la olla destapada. Salpimenta.

6   Vuelve a colar este caldo, añádele la nata líquida y los mejillones, y déjalo enfriar hasta que puedas meterlo en la nevera, donde deberá estar una hora y media aproximadamente. Esta crema también se puede servir caliente o tibia.

Si quieres que te quede una crema más espesa y contundente, puedes añadir al caldo de pescado una patata partida por la mitad y un puerro entero, reservarlos y hacer con ellos un puré para añadirlo al caldo antes del último paso.

Aunque parezca algo heterodoxo, esta crema acepta muy bien la compañía del queso parmesano rallado cuando se toma caliente o tibia.

PROPIEDADES POR RACIÓN:

Proteínas: 22 g	H. Carbono: 8 g	Grasas: 7 g	Colesterol: 160 mg	Calorías: 183 kcal

4 | 10 min. | • | horno | •

Gazpacho de frutas

300 g de tomates maduros
1 pepino mediano
350 g de fresas
350 g de frambuesas
300 g de grosellas
1 melocotón maduro
1/2 limón
12 hojas de albahaca fresca
100 g de azúcar
100 g de pan de especias o de
frutos secos (pasas, nueces…)

Ésta es una más de las numerosas combinaciones aparentemente «imposibles» entre algunas hortalizas y frutas veraniegas, de resultados enormemente sorprendentes, apetitosos, nutritivos y, sobre todo, muy refrescantes.

1   Escalda los tomates, pélalos y tritúralos junto con el pepino también pelado. Pasa la pulpa resultante por el chino para eliminar las pepitas.

2   Colócala en un cuenco hondo y añade las fresas (lavadas y sin el tallo), las frambuesas, las grosellas, el zumo de limón, el azúcar y las hojas de albahaca. Tritura bien todo el conjunto y vuélvelo a colar. Introduce en la nevera durante 60 minutos.

3   Mientras, precalienta el horno a 160 ºC, corta el pan en cuadraditos, colócalo sobre una base de papel de aluminio y déjalo tostar durante unos 10 minutos.

4   Pela el melocotón, córtalo en trozos más bien pequeños y guárdalos también en la nevera.

5   Puedes servir el gazpacho adornado con algunas hojitas de albahaca cortadas finas. El melocotón y el pan tostado se presentan en un plato aparte para que cada cual se sirva a su gusto.

El pepino es el alma de todos los gazpachos, por lo que hay que prestar mucha atención cuando se compran. Los mejores son los medianos, que no tienen tantas pepitas. Para comprobar si hace tiempo que fueron recolectados, presiona los extremos, que deben ser duros al tacto.

Por otra parte, los pepinos grandes pueden resultar un poco amargos. Un truco tradicional para eliminar este amargor consiste en cortar los extremos y frotar en círculo las superficies cortadas. Poco a poco aparece una especie de leche blanca que hay que eliminar.

PROPIEDADES POR RACIÓN:

Proteínas: 5,5 g   H. Carbono: 61 g   Grasas: 1 g   Colesterol: 0 mg   Calorías: 275 kcal

| 4 | 20 min. | 60 min. | | • | • olla a presión | € |

300 g de alubias blancas remojadas

250 g de acelgas

100 g de arroz

1 patata mediana

1 tomate maduro

1 cebolla mediana

1 pimiento verde

2 dientes de ajo

4 cucharadas de aceite de oliva

1 cucharadita de pimentón dulce

sal

Es muy importante no sazonar las legumbres remojadas hasta que hayan alcanzado su punto de cocción óptimo, ya que si se hace antes, la piel se endurece y tiende a romperse.

Las legumbres ya remojadas y cocidas en la olla a presión son una excelente alternativa para ahorrarse el engorro del remojo la noche anterior, y se pueden encontrar con facilidad en los comercios de legumbres cocidas, que además ofrecen la garantía de que se trata de legumbres recolectadas en temporada.

Potaje de acelgas, alubias blancas y arroz

El arroz, las legumbres y las verduras son protagonistas de multitud de combinaciones culinarias, pero donde quizá mejor demuestran su capacidad de fundir sus sabores y texturas es en los potajes.

1   Lava el pimiento, quítale las pepitas y córtalo en trozos pequeños. Pica del mismo modo la cebolla, y los ajos finos. Pela y corta el tomate en trozos pequeños.

2   Coloca las alubias remojadas en la olla a presión, cubiertas de agua fría (sin sal), junto con las verduras y el aceite, con la olla sin tapar.

3   Cuando comience a hervir, elimina la espuma y las impurezas con la espumadera, tapa la olla y deja hervir durante 30 minutos.

4   Mientras se cuecen las alubias, lava las acelgas y corta las pencas, que puedes reservar para rebozarlas y usarlas como guarnición de otro plato. Pela y corta en dados pequeños la patata

5   Añade a la olla las acelgas cortadas en tiras de un centímetro, la patata y el arroz, sazona (ahora sí), y deja cocer durante 15-20 minutos, hasta que el arroz esté en su punto. Cinco minutos antes del final, agrega el pimentón y corrige el punto de sal.

PROPIEDADES POR RACIÓN:

Proteínas: 9 g   H. Carbono: 43 g   Grasas: 26 g   Colesterol: 0 mg   Calorías: 442 kcal

4	30 min.	25 min.	60 min.	●	cazuela	●

2 manojos de espárragos trigueros

200 g de jamón ibérico sin grasa

50 g de mantequilla

1 cucharada de maizena

1 l de caldo de verduras o de pollo

1 cucharada de nata líquida

sal y pimienta

Sopa de espárragos trigueros y jamón

Los espárragos verdes o trigueros tienen un sabor inconfundible y son, con habas y guisantes tiernos, los embajadores de la primavera. Aunque se pueden conseguir durante todo el año, la diferencia de calidad suele ser notable.

1 Lava los espárragos, elimina el pie fibroso y corta la parte más tierna en trocitos de un centímetro más o menos.

2 Derrite la mantequilla en una cazuela y rehoga los espárragos a fuego bajo durante 10 minutos, sin que lleguen a dorarse.

3 Añade el caldo y deja hervir durante 10 minutos más.

4 En el vaso del minipimer o en la batidora, bate la mitad del caldo con los espárragos hasta conseguir una crema. Reserva un par de espárragos. Agrégala al resto del caldo y cuece 5 minutos más, removiendo de vez en cuando.

5 Finalmente, pasa la sopa por el chino para eliminar los hilos que puedan haber quedado. Si ha quedado demasiado líquida, añade la cucharada de maizena y disuélvela bien. Salpimenta, pero teniendo en cuenta que después añadirás el jamón.

6 Se sirve con el jamón crudo, bien desgrasado, cortado en tiras muy finas o en tacos y repartido por encima de los platos, a los que se añaden también unas gotitas de nata líquida y los espárragos reservados a trocitos. Se puede tomar tibia o fría, tras una hora en la nevera.

Si prefieres una sopa de sabor más pronunciado, sofríe los espárragos en una sartén, a fuego bajo, con un par de cucharadas de aceite de oliva (en vez de mantequilla) y un par de ajos picados finos. Antes de hacer el puré, escúrrelos bien y elimina el ajo.

Esta sopa también se puede rematar con una cucharadita de huevo duro picado en cada plato o con unos dados de pan frito o simplemente tostado al horno.

PROPIEDADES POR RACIÓN:

Proteínas: 17 g	H. Carbono: 7 g	Grasas: 22,5 g	Colesterol: 68 mg	Calorías: 298,5 kcal

Gazpacho de pimientos del piquillo con jamón

15 pimientos del piquillo de lata
1 kg de tomates maduros
1 pepino mediano
200 g de jamón ibérico
5 rebanadas de pan
1 ajo
4 cucharadas de aceite de oliva
salvia o albahaca frescas
vinagre
sal

Un gazpacho muy especial, una versión septentrional del mundialmente famoso gazpacho andaluz elaborada con los sabrosos pimientos del piquillo, que aunque son difíciles de encontrar frescos, mantienen un nivel de calidad muy alto en su versión enlatada.

1   Pon a remojar el pan en agua fría. Lava y corta los tomates a trozos medianos. Pela el pepino y córtalo del mismo modo. Pela el ajo y quítale el corazón. Abre los pimientos por la mitad, lávalos bien para eliminar los posibles conservantes y elimina todas las semillas.

2   En primer lugar, tritura con la batidora los tomates, el pepino y los pimientos. Cuando consigas una crema fina, pásala por el chino.

3   Tritura a continuación el pan con un poco de agua, las hojas de salvia o albahaca, el ajo, el aceite de oliva, sal y una cucharada de vinagre. Prueba la pasta resultante para ver si es necesario corregir la sal o añadir más vinagre.

4   Mezcla las dos cremas, añade y tritúralas para que queden bien mezcladas, añadiendo un poco de agua helada si ves que ha quedado demasiado espesa.

5   Vuelve a probar el gazpacho para comprobar si quieres añadir más sal, ajo o vinagre. Después, viértelo en un recipiente adecuado o en una sopera y mételo en la nevera durante un par de horas.

6   Se sirve con el jamón desgrasado y cortado a tiras finas por encima de cada plato.

Como todos los demás gazpachos, éste también se puede acompañar con dados de pan frito o tostado, con huevo duro picado y cebolla picada.

El truco de triturar aparte el pan aparte, con el ajo y el vinagre (y eventualmente la cebolla), resulta muy útil en cualquier clase de gazpacho, ya que permite controlar la cantidad y el sabor de estos ingredientes y no pasarse. Un ajo de más o un exceso de vinagre pueden arruinar la receta si los mezclas con la primera crema.

PROPIEDADES POR RACIÓN:

Proteínas: 19 g	H. Carbono: 22 g	Grasas: 22 g	Colesterol: 35 mg	Calorías: 362 kcal

4 | 45 min. | 60 min. | ●● | cazuela | ●●

1/2 kg de garbanzos remojados

300 g de rape

300 g de almejas

100 g de arroz

50 g de acelgas

1 taza de tomate frito

2 huevos duros

2 cebollas

2 dientes de ajo

1 pimiento verde mediano

1 puerro

perejil

4 cucharadas de aceite de oliva

sal

La receta más tradicional y ortodoxa –y también la más contundente– dice que en el último paso, cuando se añade el pescado, hay que agregar también un sofrito de 2 o 3 ajos más aderezados con una cucharadita de pimentón.

Para aligerar la receta, además de eliminar este último sofrito, se pueden abrir las almejas al vapor, e incluso saltarse la fritura del rape y añadirlo a la cazuela en crudo, tras haberlo salado ligeramente unos minutos antes. En este caso, hay que hacer igualmente el sofrito que lo acompañaba.

Potaje de garbanzos y arroz con rape y almejas

Este nutritivo potaje es un auténtico clásico de los días de vigilia de Cuaresma. Una tradición que se va perdiendo paulatinamente pero que no resta ni un ápice de valor gastrónomico a esta espléndida receta.

1   Pon los garbanzos en una olla a presión cubiertos de agua fría, con el puerro cortado en dos trozos, un ajo entero con piel (antes haz un corte longitudinal en la misma) y una cebolla pelada.

2   Cuando haya hervido 15 minutos, destapa para ver si hace falta añadir agua. Quince minutos más tarde, destapa y añade el arroz y las acelgas bien lavadas y cortadas a tiras.

3   Mientras, limpia los medallones de rape, sálalos un poco y sofríelos ligeramente un una sartén. Añade una cebolla cortada en gajos y el tomate frito. Déjalo rehogar a fuego bajo durante 10 minutos. Retira del fuego.

4   En otra sartén, saltea las almejas a fuego vivo durante 2-3 minutos hasta que se abran. Resérvalas también en la misma sartén.

5   Diez minutos después de echar el arroz, agrega a la cazuela el contenido de las dos sartenes y una picada de ajo y perejil, además del pimiento cortado a tiras y ligeramente pasado por la sartén. Sazona, deja cocer 10 minutos más y el potaje ya estará listo.

6   Este potaje se sirve después de dejarlo reposar, con los huevos duros picados y espolvoreados sobre los platos. También se pueden partir por la mitad y poner medio huevo en cada plato.

PROPIEDADES POR RACIÓN:

Proteínas: 31,5 g	H. Carbono: 48 g	Grasas: 19 g	Colesterol: 202 mg	Calorías: 489 kcal

Salmorejo

500 g de pan rústico

500 g de tomates muy maduros

100 g de jamón ibérico

3 dientes de ajo

3 huevos

2 cucharadas de vinagre de jerez

6 cucharadas de aceite de oliva

sal

El salmorejo se diferencia del gazpacho, fundamentalmente, en la consistencia más espesa, como de puré. La receta más tradicional, por otra parte, se caracteriza por el añadido del jamón y la ausencia de pepinos, pimiento y cebolla.

1   Remoja en agua el pan (excepto un par de rebanadas) durante unos 30 minutos. Después, escúrrelo y machácalo a conciencia, presionando con un tenedor hasta que suelte todo el agua.

2   Mientras, pon a hervir 2 de los huevos, hasta que estén cocidos, y fríe en una sartén con aceite las 2 rebanadas de pan cortadas en pequeños dados, que después habrá que escurrir muy bien en papel absorbente.

3   Escalda y pela los tomates, pártelos a trozos y échalos en la batidora junto con los ajos y un huevo. Tritura hasta obtener una pasta homogénea.

4   Añade el vinagre, el aceite de oliva y sal. Sigue triturando y prueba la mezcla, para corregir la cantidad de sal y de vinagre si es necesario.

5   Pasa la pasta obtenida por el chino, para que quede más fina y para eliminar las pepitas del tomate. Al final añade la miga de pan bien deshecha y mézclalo todo bien. Debe tener una consistencia ligeramente espesa. Refrigera durante un hora.

6   Tras servir el salmorejo en platos hondos o cuencos, puedes añadir a cada uno unas tiras de jamón ibérico desgrasado, huevo duro picado y unos dados de pan frito. También se pueden servir aparte. El salmorejo no se toma helado ni demasiado frío.

Para evitar que los ajos queden mal trinchados y produzcan molestas sorpresas, puedes triturarlos en primer lugar con un poco de tomate y miga de pan, insistiendo con la batidora hasta que no quede rastros de trocitos.

Si te pasas con el vinagre (que también puede ser de Módena, aunque tiene un sabor muy pronunciado) puedes corregir la pasta añadiendo agua fría, aunque siempre con precaución, ya que el salmorejo debe ser más bien espeso.

Una variante consiste en sustituir el jamón por migas de atún en aceite de buena calidad bien escurrido y eliminar el vinagre.

PROPIEDADES POR RACIÓN:

Proteínas: 24,5 g	H. Carbono: 73 g	Grasas: 24,5 g	Colesterol: 168 mg	Calorías: ??? kcal

4	30 min.	40 min.	120 min.	●	cazuela	●

1 coliflor mediana

2 manzanas golden

2 vasos de caldo de verduras o de pollo

1 cucharada de harina

2 cucharadas de mantequilla

1 vaso de leche desnatada

1 cucharada de nata líquida

perejil

sal y pimienta

Crema fría de coliflor y manzana

Aunque la coliflor es una hortaliza típicamente invernal, en la actualidad se encuentra durante todo el año, y en esta receta –en forma de una crema– podemos saborearla convertida en un plato muy refrescante y digestivo..

1   Lava la coliflor y sepárala en ramitos. Pela las manzanas y córtalas a trozos. Ponlas en una olla cubiertas de agua fría y déjalas cocer durante 30 minutos.

2   Escúrrelas, tritúralas con el minipimer y reserva el puré obtenido

3   En una cazuela, derrite a fuego muy bajo la mantequilla, añade la harina y remueve bien con una espátula de madera para eliminar los grumos. Cuando la pasta empiece a adquirir un color dorado, añade el vaso de leche. Sigue removiendo hasta que se comience a espesar.

4   Añade entonces el puré de manzana y coliflor, el caldo y la nata líquida. Salpimenta y deja cocer a fuego muy bajo durante 10 minutos, removiendo de vez en cuando.

5   Retira del fuego y deja enfriar. Cuando la crema esté fría, métela en la nevera durante 2 horas. Se sirve con el perejil picado por encima de cada plato.

Si quieres decorar más los platos, puedes hacerlo con algunas nueces o almendras crudas picadas, cuya sabor combina muy bien con el de las manzanas y la coliflor.

Para comprar la coliflor, sobre todo fuera de temporada, es importante fijarse en las hojas de la base, ya que con su color (debe ser verde intenso) y su firmeza delatan la cantidad de días que han pasado desde su recolección.

PROPIEDADES POR RACIÓN:

Proteínas: 8 g	H. Carbono: 18 g	Grasas: 12 g	Colesterol: 34 mg	Calorías: 212 kcal

| 4 | 20 min. | | 120 min. | • | | • |

4 pepinos medianos
1 cebolla
2 yogures
1 limón
1 ajo
4 ramitas de menta fresca
2 cucharadas de vinagre blanco
2 cucharadas de aceite de oliva
sal

Sopa de pepino, yogur y menta

Esta receta tradicional mediterránea, muy difundida en países como Grecia y Turquía, es de una gran sencillez y tiene múltiples variantes según las distintas regiones y también gracias a la imaginación de sus habitantes.

1   Lava los pepinos, pélalos, quítales las puntas y córtalos en dos longitudinalmente. Parte del mismo modo las mitades y entonces elimina la parte central que contiene las pepitas.

2   Espolvoréalos con sal gorda y déjalos reposar durante una hora.

3   Lávalos para quitarles la sal, córtalos en dados y tritúralos con la batidora o el minipimer, junto con un vaso de agua muy fría, el zumo del limón, el vinagre, los yogures, el aceite, el ajo y la cebolla picados muy finos, y la menta sin los tallos más gruesos. Reserva algunas hojas.

4   Hay que triturar con insistencia, al máximo de potencia, hasta que quede una crema fina y bastante líquida. Después, introdúcela en la nevera y déjala reposar durante dos horas. Se sirve adornada con las hojitas de menta reservadas.

Si quieres evitar el engorro de despepitar los pepinos, puedes comprarlos más pequeños (unos veinte centímetros como máximo), pero comprobando que estén maduros (el color verde debe ser uniforme, sin manchas blanquecinas).

Esta sopa admite multitud de variantes si se le añaden nuevos ingredientes, como por ejemplo calabacín, cebolla, eneldo, huevos duros picados e incluso aceitunas negras.

Los pepinos se conservan hasta dos semanas en el frigorífico, pero no es conveniente meterlos en bolsas de plástico, ya que de este modo se acelera mucho la maduración.

PROPIEDADES POR RACIÓN:

| Proteínas: 3 g | H. Carbono: 6 g | Grasas: 7 g | Colesterol: 29 mg | Calorías: 112,3 kcal |

| 4 | 30 min. | 10 min. | 120 min. | ● | sartén | ●● |

250 g de gambas

200 g de jamón ibérico

1 kilo de tomates maduros

1 pimiento verde

1 cebolla pequeña

2 dientes de ajo

1 rebanada de pan pequeña

1 cucharadita de coñac

4 cucharadas de aceite de oliva

2 cucharadas de vinagre

sal

En los gazpachos es fundamental usar agua de buena calidad, por lo que habrá que desechar la del grifo y usar embotellada si vives en una ciudad en la que el agua está muy clorada.

Si quieres abaratar esta receta, puedes usar gambas congeladas, pero es mejor que no sean peladas, ya que es muy importante contar con el jugo de las cabezas.

Un truco para acertar con la cantidad de vinagre consiste en colocar la rebanada de pan en un plato y rociarla con el vinagre hasta que quede empapada, aunque esto depende mucho de los gustos y para algunos puede resultar excesivo.

Gazpacho con gambas y jamón

Un gazpacho de mar y montaña, que juega con el intenso contraste de los sabores salado y dulce del jamón y las gambas en medio del concierto de aromas de las hortalizas del gazpacho.

1   Escalda los tomates y quítales la piel, pela y trocea la cebolla, limpia el pimiento de semillas y córtalo a trozos pequeños. Remoja la rebanada de pan hasta que la corteza se deshaga. Pela los ajos y machácalos en el mortero junto con el pan bien escurrido.

2   Coloca todos estos ingredientes en un cuenco grande, junto con la sal, el aceite y el vinagre, y redúcelos a una crema fina con el minipimer. Si queda demasiado espesa, aclárala con agua fría. Si ves que han quedado pepitas o trocitos de piel, pasa la crema por el chino.

3   Separa la cabeza de las gambas y pela las colas. Elimina la grasa del jamón. Prepara una sartén con unas gotitas de aceite y sofríe muy ligeramente el jamón, sólo hasta que tome color, durante un par de minutos. Retíralo de la sartén.

4   Agrega a la sartén las cabezas de las gambas y sofríelas ligeramente, presionando con una cuchara de madera o un tenedor, para que suelten todo su jugo. Aumenta el fuego, rocía con el coñac y déja que se reduzca.

5   Retira del fuego, cuela con un colador fino y, en la misma sartén, saltea las colas de las gambas durante 2 minutos, sin sazonarlas. Resérvalas con su jugo.

6   Agrega el jamón y las gambas a la pasta del gazpacho, remueve bien y guárdalo en la nevera durante un par de horas. Se puede servir con huevo duro picado.

PROPIEDADES POR RACIÓN:

| Proteínas: 32,5 g | H. Carbono: 13,6 g | Grasas: 26 g | Colesterol: 271 mg | Calorías: 418,4 kcal |

6-8 | 25 min. | 50 min. | • | cazuela | •

Sopa de verduras y pescado

1 cabeza de merluza mediana

1 kg de patatas

6 puerros

4 zanahorias

1 pimiento rojo

1 cebolla

2 dientes de ajo

1 ramita de perejil

1 pizca de azafrán

1 cucharadita de harina

pimienta negra en grano

1 hoja laurel

una pizca de pimentón

6 cucharadas de aceite de oliva

sal

Hortalizas y verduras frescas son las protagonistas de esta sopa, en la que el pescado sólo participa con el intenso sabor de su caldo. La porrusalda de pescado es la versión vasca de una de las combinaciones culinarias más populares de las costas mediterráneas.

1 Pica muy fina la cebolla, y corta los puerros y las zanahorias a rodajas finas, y el pimiento a cuadrados pequeños. Ponlos a rehogar durante 10-15 minutos, a fuego bajo, en una cazuela con el aceite.

2 Mientras, lava y corta las patatas a rodajas de un centímetro, y prepara en el mortero una picada con los ajos, el perejil, la harina y el azafrán.

3 Cuando los puerros y las cebollas estén a punto, añade las patatas y la picada y cúbrelo todo con agua caliente. Salpimenta y sube un poco el fuego.

4 En el momento en que empiece a hervir añade la cabeza de merluza (después de eliminar la punta del morro con los ojos) y el laurel. Deja hervir a fuego bajo durante 30 minutos. Comprueba el punto de sal, añade un poco más de agua si es necesario y remueve de vez en cuando con una cuchara de madera.

5 Retira la cabeza de merluza y deja hervir 10 minutos más. Se puede servir acompañada de huevo duro picado y dados de pan frito.

Una variante tradicional de esta sopa es la que se hace con bacalao desmigado (400 g para 6 personas) en vez de merluza. Se puede hacer siguiendo los mismos pasos pero controlando muy bien el proceso de desalar el bacalao en agua, que hay que cambiar varias veces.

Si tienes mucha prisa esta sopa se puede cocinar en el microondas. Tardará unos 15 minutos a 780 W.

Como es natural, esta sopa admite muchas variaciones en los ingredientes y se le pueden añadir tomates crudos (pero no en exceso) calabacín, calabaza, pimienta y pimentón en vez de azafrán, etc.

PROPIEDADES POR RACIÓN:

Proteínas: 4,5 g | H. Carbono: 25,5 g | Grasas: 8 g | Colesterol: 0 mg | Calorías: 192 kcal

otoño

En otoño la gama de recetas también es amplia, desde sopas y cremas de productos de temporada como la coliflor o las setas frescas, hasta los potajes en los que intervienen pescados como el bacalao u otros de mayor categoría como el rape y la merluza.

| 4 | 40 min. | 50 min. | | | ● | olla a presión | € |

250 g de garbanzos remojados
200 g de alubias remojadas
250 g de bacalao en migas
 desalado
1 cebolla mediana
2 tomates maduros
2 ajos
1 huevo
2 rebanadas de pan
1 cucharadita de pimentón picante
1 cucharada de harina
1 vaso de leche desnatada
1 vasito de vino blanco seco
1 hoja de laurel
orégano
perejil
4 cucharadas de aceite de oliva
sal

Si deseas aligerar la contundencia de las legumbres, puedes añadir a la receta 200 g de acelgas tiernas cortadas a tiras, aprovechando también la parte más tierna de las pencas. Para agregarlas a la receta, habrá que destapar la olla a presión 5 minutos antes del final.

Cocer las legumbres previamente remojadas en la olla a presión ahorra mucho tiempo, pero entraña un cierto riesgo, ya que es difícil controlar la cantidad de líquido. Es mejor excederse con el agua que arriesgarse a que se queden sin y se quemen.

Potaje de legumbres con albóndigas de bacalao

Los potajes que combinan las legumbres y el bacalao tienen una gran tradición, pero en esta receta presentan la novedad de que el bacalao se prepara en forma de albóndigas, lo que le proporciona un atractivo y un sabor especiales.

1   Comprueba el punto de sal del bacalao y, si lo encuentras demasiado fuerte todavía, sumérgelo en un cuenco con agua fría. Desmígalo más si es necesario y cambia el agua con frecuencia. Pon a remojar el pan.

2   En una sartén con 2 cucharadas de aceite, prepara un sofrito con la cebolla y los ajos picados muy finos, y el tomate. Déjalo hacer lentamente, y añade un poco de vino blanco de vez en cuando si ves que se seca demasiado. En el último minuto añade el pimentón.

3   Coloca los garbanzos y las alubias en la olla a presión, cúbrelos con agua fría y añade la mitad más de su volumen de agua. Agrega el aceite restante y el laurel y ponlos a cocer, primero a fuego vivo y después, cuando arranque el hervor, a fuego bajo. Deben cocer 30 minutos aproximadamente.

4   Prepara las albóndigas haciendo una mezcla con el pan empapado en leche, el huevo batido, el bacalao y un poquito de orégano y perejil picado fino. Enharínalas y fríelas en una sartén con el aceite bien caliente, pero sin que llegue a humear. A medida que se vayan dorando, colócalas sobre papel absorbente.

5   Retira la olla del fuego, retira la hoja de laurel, añade las albóndigas y el sofrito, remueve el potaje con una cuchara de madera y deja reposar durante 10-15 minutos antes de servir.

PROPIEDADES POR RACIÓN:

Proteínas: 33,5 g   **H. Carbono: 32 g**   **Grasas: 14 g**   **Colesterol: 88,5 mg**   **Calorías: 388 kcal**

6 | 20 min. | 50 min. | • | cazuela | •

400 g de níscalos frescos

2 cebollas

6 ajos tiernos

3 dientes de ajo

3 tomates maduros

1 zanahoria

2 l de caldo de verduras

1 ramita de tomillo

20 g de almendras tostadas

4 cucharadas de aceite de oliva

sal

Sopa de setas de temporada

Las setas naturales son el gran regalo del otoño, y aunque se suelen consumir asadas o como acompañamiento de platos de carne, su presencia protagonista en las sopas nos permite saborear de una manera distinta este recóndito fruto de los bosques.

1   Pela y pica finas las cebollas y sofríelas a fuego bajo en una cazuela honda con 2 cucharadas de aceite hasta que empiecen a transparentar. Pela y corta la zanahoria a pequeños dados y agrégala al sofrito. Cuando esté tierna, añade la parte blanca de los ajos tiernos cortada a rodajas finas. Sofríe durante 5 minutos más y, al final, añade los tomates sin piel picados finos o rallados.

2   Mientras se va haciendo este sofrito, limpia las setas con un trapo húmedo, corta y desecha el pie, y córtalas a láminas finas. Sofríelas en una sartén con un poco de aceite y un par de ajos picados muy finos. Sofríe a fuego rápido, para que las setas no pierdan el agua y queden doradas superficialmente.

3   Agrega las setas escurridas y sin ajo al sofrito anterior de la cazuela y déjalas cocer a fuego lento durante 10 minutos, removiendo de vez en cuando.

4   A continuación, agrega el caldo de verduras (reserva un par de vasos) y el tomillo, sazona, tapa la cazuela y deja cocer a fuego bajo hasta que la sopa quede un poco espesa (unos 30 minutos). Si ves que se espesa demasiado, agrega caldo del que has reservado.

5   En el mortero, prepara la picada con el perejil, el ajo restante y las almendras y añádela a la cazuela 5 minutos antes de finalizar la cocción. Antes de servir retira el tomillo.

Si quieres aumentar la contundencia y el sabor de esta sopa puedes poner en el fondo de cada platao una rebanada de pan tostado. También se enriquece mucho el sabor añadiendo a la picada y piñones tostados.

Esta sopa también puede tomarse convertida en una crema tibia después de reducirla a puré con la batidora. Se cuela con el chino (pues las láminas de las setas se resisten al proceso de triturado) y se adorna con dados de pan frito.

Los champiñones naturales, las negrillas y las setas de cardo son buenas alternativas a los níscalos, y por regla general suelen ser más baratos en temporada alta.

PROPIEDADES POR RACIÓN:

Proteínas: 3 g	H. Carbono: 6 g	Grasas: 6 g	Colesterol: 0 mg	Calorías: 90 kcal

| 4-6 | 20 min. | 35 min. | | ● | cazuela | ● |

Sopa de tomate

750 g de tomates maduros

1 cebolla grande

1 pimiento verde

1 diente de ajo

1 cucharada de zumo de limón

1 cucharadita de azúcar

1 l de caldo de verduras

60 g de harina

1 hoja de laurel

unas hojitas de hierbabuena

4 cucharadas de aceite de oliva

sal y pimienta

Los mejores tomates, los más dulces y sabrosos, son los del verano, y no cabe duda de que su presencia es obligada en la mayoría de ensaladas crudas. Pero no hay que renunciar a disfrutar de ellos en otras estaciones, ya que hoy en día se encuentran de buena calidad en cualquier época del año.

1   Escalda y pela los tomates, elimina las semillas y pícalos a trozos pequeños. Pela la cebolla y haz lo mismo. Corta también el pimiento, eliminando las pepitas.

2   En una sartén con la mitad del aceite, sofríe durante 10 minutos la mitad de la cebolla, el pimiento, el ajo picado fino y los tomates. Después, tritura este sofrito con la batidora, tras añadir las hojitas de hierbabuena.

3   En una cazuela con el resto del aceite, sofríe la cebolla que has reservado y, cuando empiece a dorarse, añade la harina y deja cocer 5 minutos removiendo sin parar, hasta que la harina quede ligeramente tostada. Si ves que se espesa demasiado, aclárala con una cucharada de caldo.

4   Añade a la cazuela la crema de tomate y el caldo, la hoja de laurel, el zumo de limón, la sal y la pimienta, y el azúcar. Deja hervir durante 20 minutos, removiendo regularmente con la cuchara de madera. Es mejor que repose 10-15 minutos antes de servirla.

Esta sopa puede servirse con queso rallado y también con unas rebanadas finas de pan tostado, incluso con pan de molde integral. En algunas zonas se sirve también acompañada de uvas, que proporcionan una interesante combinación de sabores con el queso.

Otro truco para dar más consistencia a la receta (aunque también más colesterol) consiste en añadirle, en el momento en que se retira del fuego, un par de huevos batidos, mezclando muy bien y con rapidez mientras el huevo se va cuajando.

PROPIEDADES POR RACIÓN:

Proteínas: 4 g   **H. Carbono: 22 g**   **Grasas: 10,5 g**   **Colesterol: 0 mg**   **Calorías: 198,5 kcal**

| 6 | 20 min. | 45 min. | | • | olla a presión | • |

600 g de garbanzos remojados

200 g de jamón ibérico

200 g de acelgas

1 cebolla mediana

6 huevos

1 cucharada de perejil picado

4 cucharadas de aceite de oliva

sal

Potaje de garbanzos, acelgas, huevo y jamón

Otro potaje tradicional de la cocina mediterránea, de una gran sencillez, que en este caso combina las cualidades de la legumbre más popular con las excelencias del jamón de primera calidad.

1 Coloca los garbanzos en la olla a presión, con 2 cucharadas de aceite y cubiertos de agua templada más la mitad de su volumen. Déjalos hervir durante 30 minutos desde el momento en que arranque el hervor.

2 Lava bien las acelgas y córtalas en tiras de un par de centímetros de ancho. Desecha la parte más dura de las pencas. Pon a hervir los huevos en un cazo con abundante sal.

3 En una sartén con el resto del aceite, saltea muy ligeramente el jamón después de eliminar la grasa, retíralo y agrega la cebolla rallada o picada muy fina. Cuando la cebolla comience a dorarse, añade de nuevo el jamón y mezcla bien el sofrito.

4 Destapa la olla a presión y comprueba que tenga el líquido suficiente. Si se ha evaporado demasiado, añade agua caliente, y agrega las acelgas y el sofrito con el jamón. Remueve bien y sazona ligeramente. Deja cocer a fuego bajo durante 10-15 minutos, hasta que los garbanzos y las acelgas estén en su punto.

5 Se sirve en una fuente o bandeja honda, con los huevos partidos por la mitad encima y espolvoreado con el perejil picado.

Cuando prepares cebolla para sofreír, a no ser que se trate de una gran cantidad, no la tritures con la batidora o el minipimer, pues el agua se separa totalmente de la fibra y después, una vez en la sartén, se evapora con demasiada rapidez.

Es importante, al saltear el jamón, que no se reseque demasiado, por lo que hay que realizar la operación con rapidez: a fuego bajo, sin apenas aceite y removiendo sin parar con una cuchara o espátula de madera.

PROPIEDADES POR RACIÓN:

| Proteínas: 23,5 g | H. Carbono: 18,5 g | Grasas: 20 g | Colesterol: 258 mg | Calorías: 353 kcal |

4	30 min.	30 min.		•	olla	•	

500 g de coliflor

400 g de patatas

300 g de champiñones frescos

4 rebanadas de pan del día anterior

2 dientes de ajo

1 ramita de perejil

4 cucharadas de aceite de oliva

pimienta en grano

sal

Esta crema combina muy bien con el delicado sabor de los piñones, tanto crudos como tostados. Puedes usarlos de dos maneras: machacados en el mortero y añadidos en el momento de batir la crema, o como adorno final con los champiñones.

Otra alternativa consiste en batir los champiñones con la coliflor y las patatas, pero en este caso habrá que pasar la crema por el chino para eliminar los más que probables restos de las láminas de las setas.

Crema de coliflor con champiñones

Los bosques y las huertas nos regalan en otoño algunos de sus productos más delicados, como las setas y la coliflor, que se combinan a la perfección en la cocina y en la mesa.

1 Pela las patatas y córtalas en trozos. Limpia y trocea la coliflor. Pon a cocer la coliflor y la patata en una olla con agua hirviendo, 2 cucharadas de aceite y un pellizco de sal. Deja hervir a fuego medio durante unos 20 minutos. Controla de vez en cuando el punto de cocción de los ramitos de coliflor, que no deben quedar demasiado cocidos.

2 Escurre la coliflor y las patatas, y pásalas por la la batidora añadiendo el agua de cocción necesaria, hasta obtener una crema ligera, no demasido espesa.

3 Pela un ajo y unta con él las rebanadas de pan. Después, córtalo en dados y fríelo. Déjalo escurrir bien en papel absorbente.

4 En otra sartén, con 2 cucharadas de aceite, sofríe ligeramente (a fuego medio y con rapidez) el otro ajo picado fino. Añade los champiñones limpios y cortados en láminas. Sazona y espolvorea con perejil picado. Cuando los champiñones empiecen a dorarse, retíralos, cuidando de desechar los trozos de ajo, y escúrrelos bien.

5 Agrega los champiñones y el pan frito a la crema, espolvorea con una pizca de pimienta molida y ya está lista para servir. Se sirve caliente o tibia.

PROPIEDADES POR RACIÓN:

Proteínas: 9,5 g	H. Carbono: 28,58 g	Grasas: 11 g	Colesterol: 0 mg	Calorías: 251 kcal

400 g de lentejas (variedad de
    cocción rápida)
100 g de arroz
2 patatas medianas
1 pimiento rojo
1 cebolla grande
1 diente de ajo
2 cucharadas de vino blanco seco
6 cucharadas de aceite de oliva
1 cucharada de vinagre
1 hojita de laurel
1 cucharadita de pimentón dulce
sal

Potaje de lentejas con arroz

Las legumbres y el arroz ofrecen multitud de combinaciones muy satisfactorias, pero una de las más simples y de mejores resultados es la del potaje que se explica en esta receta, ligera y muy nutritiva.

1   En una olla con 3 cucharadas de aceite, sal y el laurel, cuece las lentejas a fuego medio durante 30 minutos. No te excedas con el líquido, y añade poco a poco agua tibia si es necesario.

2   Mientras se cuecen las lentejas, pica la cebolla y el ajo muy finos y el pimiento a trozos pequeños, y sofríelos lentamente. Cuando la cebolla comience a dorarse, añade el vino, sube el fuego y deja reducir. Retira del fuego, añade el pimentón y remueve hasta que quede bien mezclado. Escurre el sofrito.

3   Pasada la media hora de cocción de las lentejas, agrega el vinagre, el arroz y las patatas cortadas a trozos más bien pequeños. Añade también el sofrito.

4   Finalmente, deja cocer todo el preparado durante 20 minutos más, a fuego bajo, hasta que el arroz esté en su punto. Este potaje debe quedar un poco caldoso, pero no excesivamente líquido.

Si el potaje ha quedado demasiado líquido, puedes retirar un cucharón de lentejas con su caldo, pasarlas por el minipimer o la batidora y agregar la crema resultante a la olla.

Este potaje también se puede hacer con arroz integral, pero en este caso es mejor que lo hiervas aparte durante 20 minutos y lo agregues en el último paso. Además podrás usar parte del caldo de cocción para enriquecer el sabor del plato.

PROPIEDADES POR RACIÓN:

Proteínas: 15 g	H. Carbono: 46 g	Grasas: 16 g	Colesterol: 0 mg	Calorías: 388 kcal

Crema de pescado

1 kg de rape o merluza

200 g de gambas

4 tomates maduros

2 cebollas medianas

3 dientes de ajo

100 g de nata líquida

1 ramillete de hierbas aromáticas

4 cucharadas de maizena

1 vasito de vino blanco seco

unas hebras de azafrán

1 ramita de perejil

4 cucharadas de aceite de oliva

sal y pimienta

Una de las mejores formas de saborear en toda su profundidad el aroma marinero del pescado son las cremas, que se pueden elaborar también con mariscos, y siempre acompañadas con hortalizas y hierbas aromáticas.

1   Pica los ajos y las cebollas muy finos, y sofríelos a fuego muy bajo en una cazuela honda con la mitad del aceite. Mientras se hace el sofrito, escalda y pela los tomates, quítales las semillas y machácalos con un tenedor.

2   Añade el tomate al sofrito y deja que cueza lentamente hasta que el agua del tomate se evapore. Remueve de vez en cuando.

3   Corta el pescado a trozos pequeños, eliminando todas las espinas, y añádelo al sofrito, junto con el vino, las hierbas, el azafrán, las gambas limpias y sin bigotes y el resto del aceite.

4   Sube el fuego y remueve todo el conjunto durante un par de minutos. Después, agrega un litro y medio de agua, y deja cocer a fuego bajo durante 45 minutos, con la cazuela tapada. Salpimenta.

5   Cuela el caldo en un colador fino, reserva un vaso y pon la cazuela (previamente limpiada) otra vez al fuego con el caldo colado. Añádele el vaso de caldo con la maizena disuelta en él. Deja hervir durtante 5 minutos más.

6   Pela las colas de las gambas, desmenuza el pescado e incorpóralo todo a la cazuela, junto con la nata líquida. Remueve bien y retira del fuego. Se sirve con el perejil picado muy fino y espolvoreado sobre los platos.

Si quieres que este plato resulte más barato, y quizá también más sabroso, puedes sustituir el rape y la merluza por pescados de roca y mejillones. Resulta más laborioso eliminar las espinas, pero el resultado vale la pena.

Este plato se sirve tradicionalmente con trocitos de pan frito, preferiblemente con una picada de ajo que se se retira antes de freír el pan.

PROPIEDADES POR RACIÓN:

| Proteínas: 30 g | H. Carbono: 13 g | Grasas: 9 g | Colesterol: 112 mg | Calorías: 253 kcal |

Potaje de alubias blancas con bacalao y setas

300 g de alubias blancas remojadas
500 g de bacalao desalado
300 g de setas frescas de temporada
2 tomates maduros medianos
2 cebollas medianas
1 ramita de perejil
2 dientes de ajo
1 cucharadita de pimentón dulce
4 cucharadas de aceite de oliva
sal

Éste es uno de los potajes más clásicos de los meses otoñales, que se puede elaborar con cualquier tipo de seta carnosa, como los níscalos, las setas de cardo o los champiñones frescos, que aportan al caldo del potaje su profundo sabor.

1 Escalda los tomates y elimina la piel. Pela y pica finas las cebollas y un diente de ajo, y ponlos en la olla a presión, destapada, con el aceite, el pimentón y las alubias, todo cubierto de agua fría.

2 Cuando empiece a hervir, elimina la espuma, baja el fuego, tapa la olla y deja cocer a fuego bajo durante 25-30 minutos. Hay que procurar que no falte líquido, porque de lo contrario las alubias desprenden la piel. No sazones.

3 Mientras, limpia las setas, desecha el pie y córtalas a láminas finas. Sofríelas un poco en una sartén con un ajo picado fino. Sazónalas. Desecha el ajo, escúrrelas y resérvalas.

4 Desmiga el bacalao, desechando la piel y comprueba si está bien desalado. Si todavía está demasiado salado, pásalo bajo el chorro de agua fría.

5 Cuando las alubias estén cocidas, agrega las setas y el bacalao, bien desalado y desmigado, remueve bien y deja hervir con la olla destapada durante 10 minutos más, a fuego muy bajo. Comprueba el punto de sal. En el último minuto, añade el perejil picado. Este potaje se ha de dejar reposar 15 minutos antes de servir.

Cuando cocines alubias remojadas debes tener en cuenta tres principios muy importantes: nunca se deben sazonar al principio de la cocción, nunca deben quedarse sin agua y el agua añadida debe ser fría y no debe interrumpir del todo el hervor.

Durante los primeros 5 minutos las legumbres deben hervir a fuego rápido y destapadas para que eliminen todas las impurezas. Hay que retirar bien toda la espuma que producen.

PROPIEDADES POR RACIÓN:

Proteínas: 48 g	H. Carbono: 15,5 g	Grasas: 12 g	Colesterol: 56 mg	Calorías: 362 kcal

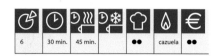

1 kg de pasta de gazpacho
1 kg de rape
250 g de gambas peladas
1 1/2 l de caldo de pescado
2 tomates maduros
2 ñoras
6 dientes de ajo
1 pimiento rojo
1 cebolla grande
1 huevo duro
1 cucharada de almendras
  tostadas
1 ramita de hierbabuena
tomillo
pimentón
azafrán
8 cucharadas de aceite de oliva
sal

Esta es una receta de sabores muy pronunciados, que tiene una versión bastante más ligera para paladares poco atrevidos, basada en la sustitución del caldo de pescado por agua. En este caso, se puede dejar enfriar en la nevera y destinarla a los meses más calurosos.

Recuerda que la pasta de gazpacho es una base sin condimentar, no un «gazpacho» con todas las de la ley, pues no lleva ajo, sal, vinagre y aceite. Lo único que admite, si quieres espesar más el resultado final de la receta, es un poco de pan remojado.

Gazpacho de rape y gambas

Un original gazpacho caliente para los días otoñales, aunque también se podría calificar a esta original receta como sopa de pescado y marisco con puré de verduras. En todo caso, una imaginativa combinación de lo mejor de la gastronomía mediterránea.

1 Prepara la pasta de gazpacho con 500 g de tomates maduros, 2 pepinos medianos, una cebolla y un pimiento rojo grande, pelados y triturados en la batidora hasta obtener una pasta espesa. Si han quedado pepitas o pieles, pásala por el chino.

2 En una cazuela amplia, sofríe las ñoras, el pimiento en tiras y 3 dientes de ajo picados muy finos, y resérvalo todo sobre un escurridor.

3 En el mismo aceite, dora el rape limpio y sin espinas, cortado a dados de unos 2 centímetros, y las gambas peladas, sazona un poco y retíralos. Agrega la cebolla y los ajos restantes picados finos, rehoga durante 5 minutos y añade los tomates picados en trozos muy pequeños y sin piel. Rehoga a fuego lento durante 10-15 minutos.

4 Mientras, en un mortero, machaca las almendras tostadas con las ñoras, el pimiento sin piel y los ajos, hasta conseguir una pasta. Añade la pasta resultante al sofrito. A continuación, agrega el tomillo, el pimentón y el azafrán. Remueve y mezcla bien.

5 Incorpora el caldo de pescado y la pasta de gazpacho, y remueve con la cuchara de madera para que los distintos sabores se integren. Deja cocer lentamente durante 30 minutos. A media cocción, añade el rape y las gambas, y la ramita de hierbabuena. Los platos se sirven adornados con el huevo duro picado.

PROPIEDADES POR RACIÓN:

| Proteínas: 32 g | H. Carbono: 13 g | Grasas: 18 g | Colesterol: 139 mg | Calorías: 342 kcal |

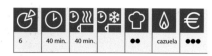

6	40 min.	40 min.			••	cazuela	•••

Bullabesa

6 rodajas de merluza

6 rodajas de rape

1 calamar mediano limpio y en rodajas

6 cigalas grandes

6 gambas o langostinos

6 almejas

6 mejillones grandes

1 1/2 l de caldo de pescado

3 tomates

1 cebolla

1 pimiento verde

3 dientes de ajo

1 cucharadita de pimentón

unos hilos de azafrán

6 cucharadas de aceite de oliva

sal y pimienta

Esta es una versión de lujo de la bullabesa. Pero si quieres impresionar todavía más a tus invitados, no tienes más que sustituir las cigalas por una langosta o un bogavante pequeños de unos 300 g. Cómpralo cortado en 6 trozos, ásalo a la plancha y añádelo a la sopa cuando falten 5 minutos para el final.

La selección de pescados también puede variar, ya que se puede elaborar la receta incluso con salmón fresco, lenguado, mero, congrio, dorada o salmonetes y pescadilla, como hacen en Grecia. Todo depende del bolsillo y de la imaginación.

La bullabesa es la versión original francesa, con multitud de variantes, de un plato omnipresente en la cocina de las costas mediterráneas, una combinación de los mejores pescados de nuestro mar costas con los productos más sobresalientes de la huerta.

1   Pon las almejas en un cazo con agua fría y sal para eliminar la arenilla. Lava y corta las antenas de gambas y cigalas. Lava bien las rodajas de calamar. Limpia bien las cáscaras de los mejillones y ponlos en otro cazo a fuego bajo, hasta que se abran.

2   Escalda, pela y pica los tomates, pica finos los ajos, la cebolla y el pimiento, y rehógalos a fuego bajo en una cazuela honda con el aceite y las rodajas de calamar. Cuando el tomate haya evaporado el agua, sazona (nunca antes, pues los calamares se endurecen) y añade el caldo de pescado, la pimienta y el pimentón. Deja cocer a fuego medio durante 20 minutos.

3   Retira la cazuela del fuego, retira el calamar, y tritura el contenido con el minipimer. Después, cuela el contenido y vuelve a incorporarlo a la cazuela, con las rodajas de calamar.

4   Incorpora el azafrán, los mariscos y el pescado. Deja cocer durante 20 minutos para que todos los sabores se integren. Se puede servir al estilo tradicional francés, separando el caldo y los pescados, que se presentan aparte en una bandeja. El caldo se puede adornar con una rebanada de pan tostado o con trocitos de pan frito.

PROPIEDADES POR RACIÓN:

Proteínas: 26 g	H. Carbono: 8 g	Grasas: 15 g	Colesterol: 82,5 mg	Calorías: 271 kcal

4 | 20 min. | 60 min. | | ● | olla a presión | €

300 g de bacalao desalado

400 g de garbanzos remojados

500 g de espinacas frescas

1 tomate maduro

2 cebollas

2 puerros

3 dientes de ajo

1 vasito de vino blanco

4 cucharadas de aceite de oliva

1 cucharadita de pimentón

sal

Para cocer los garbanzos en la olla a presión sigue los consejos de la receta del potaje de alubias blancas con bacalao y setas. La única diferencia es que a los garbanzos hay que añadirles agua tibia, nunca fría, pues no conviene «asustarlos» (interrumpir el hervor), al contrario que a las alubias.

Éste es un potaje que agradece el tiempo de reposo. Lo ideal, según recomienda la tradición, es dejarlo reposar entre 5 y 6 horas, de manera que puedes prepararlo al mediodía para la cena, o por la noche para el día siguiente.

Potaje de espinacas, garbanzos y bacalao

El bacalao es un ingrediente casi obligado de los potajes, unos platos tradicionales muy populares en una época en que el ayuno estaba de moda y el pescado fresco no abundaba lejos de las costas. Su sabor y sus cualidades nutritivas hacen muy recomendable su recuperación.

1 Cuece los garbanzos en la olla a presión, con 2 cucharadas de aceite, a fuego bajo.

2 Limpia bien las espinacas y escáldalas en agua hirviendo con sal, para que pierdan su punto de amargor. Déjalas escurrir bien, para que pierdan toda el agua, pues absorben mucha cantidad.

3 Pela y corta bien finos el ajo, el puerro y la cebolla, y sofríelos a fuego bajo en una sartén con el resto del aceite. Cuando empiecen a tomar color , añade el pimentón y remueve bien. Añade el tomate rallado, sin piel. Sofríe durante 10 minutos más. Al final, sube el fuego, añade el vino y déjalo reducir.

4 Retira el sofrito del fuego, déjalo escurrir, pásalo por el chino y devuélvelo a la sartén con las espinacas picadas bastante gruesas. Añade el bacalao cortado en palitos de unos dos centímetros. Deja rehogar todo junto unos minutos

5 Comprueba el punto de cocción de los garbanzos. Añade un poco de agua si es necesario, sazona y añade el contenido de la sartén. Remueve un poco para que los sabores se mezclen, pero con cuidado para que el bacalao no se deshaga. Comprueba el punto de sal.

6 Deja reposar durante una hora, vuelve a calentar y ya está el potaje listo para servir.

PROPIEDADES POR RACIÓN:

| Proteínas: 24 g | H. Carbono: 26 g | Grasas: 13,5 g | Colesterol: 13,5 mg | Calorías: 221,5 kcal |

6 | 50 min. | 35 min. | | • | olla | •

400 g de acelgas

200 g de habas tiernas (o en conserva)

2 tomates maduros grandes

1 pimiento verde

1 cebolla mediana

2 puerros

2 alcachofas

1 patata

1 col pequeña

1 coliflor pequeña

2 dientes de ajo

1 1/2 l de caldo de verduras

1 cucharadita de pimentón dulce

6 cucharadas de aceite de oliva

sal

La temporada ideal de esta sopa, en lo que respecta a algunos ingredientes, es el principio de la primavera, cuando las habas y las alcachofas tiernas están disponibles en el mercado. Sin embargo, también es una excelente alternativa otoñal, pues es entonces cuando aparecen las primeras coles y coliflores de temporada.

Si te decides por el otoño, puedes enriquecer el sabor de la sopa con níscalos frescos, que habrá que pasar por la sartén con un poco de ajo antes de añadirlos a la sopa con la coliflor y la patata. Otra opción otoñal, para hacer la sopa más variada todavía, consiste en añadir, casi al final, unas cucharadas de alubias rojas cocidas o de bote.

Sopa de verduras mallorquina

Una sopa ideal para los primeros días de otoño, pero también para los frescos días de la incipiente primavera. En cualquiera de las dos estaciones se pueden conseguir frescos algunos de sus ingredientes más importantes.

1   Pica bien finos los ajos la cebolla y los puerros. Coloca al fuego una olla con 2 cucharadas de aceite, déjalo calentar un poco y rehoga las verduras durante unos 10 minutos hasta que empiecen a dorarse. Añade los tomates picados, sin piel ni semillas.

2   Cuando las verduras hayan vuelto a absorber el jugo (10 minutos más), añade el pimiento verde cortado en pequeños cuadrados, las alcachofas limpias de hojas duras y cortadas a láminas finas, y las habas. Añade el pimentón. Remueve para que se mezcle todo bien. A los 5 minutos agrega la col trinchada en tiras finas.

3   Cuando la col esté blanda, añade el caldo, sazona y sube el fuego hasta que empiece a hervir. Entonces añade la patata cortada a láminas finas de medio centímetro y la coliflor en ramitos.

4   Cuando haya hervido 5 minutos añade las acelgas, sin la parte más gruesa de las pencas y cortadas a tiras finas. Baja el fuego y deja cocer fuego lento durante 10-15 minutos hasta que las patatas estén blandas. Cinco minutos antes del final comprueba el punto de sal. Antes de servir, rocía con el aceite sobrante.

PROPIEDADES POR RACIÓN:

| Proteínas: 7 g | H. Carbono: 15 g | Grasas: 11 g | Colesterol: 0 mg | Calorías: 187 kcal |

4 · 20 min. · 30 min. · · · cazuela · ·

300 g de garbanzos cocidos

2 tacitas de arroz

1 patata pequeña

3 dientes de ajo

5 cucharadas de fideos medianos

1 cucharadas de puré de patata
  instantáneo

1 l de caldo de carne o de verduras

3 hojas de laurel

4 cucharadas de aceite de oliva

sal

Potaje de fideos, arroz y garbanzos

Una receta para cuando se tiene prisa, pero que en conjunto puede resultar tan sabrosa como un potaje tradicional preparado siguiendo todas las reglas que marca la tradición. Además, es un plato ligero y nutritivo.

1   Pela la patata y córtala en cuadrados pequeños. Pela los dientes de ajo y córtalos por la mitad, eliminando el corazón.

2   Pasa la patata y el ajo por la sartén, durante un par de minutos, con una cucharada de aceite. Deja escurrir y reserva.

3   Calienta el caldo en una cazuela honda y, justo antes de que empiece a hervir, añade el puré de patata y mezcla bien hasta que quede bien disuelto.

4   Cuando arranque de nuevo el hervor, añade la patata y el ajo, el laurel, y el arroz y el aceite restante. Comprueba el tiempo indicado en el envase de los fideos (depende del grosor y la marca) y agrégalos en el momento oportuno. Remueve con frecuencia y no pongas el fuego muy fuerte, porque el caldo espesado con el puré se puede pegar al fondo. Sazona.

5   Deja cocer 20 minutos, hasta que el arroz y los fideos estén al dente, y añade los garbanzos, bien lavados y escurridos si son de bote. Retira el laurel y deja reposar 15 minutos antes de servir.

Esta es una receta sencillísima y rapidísima si usas los ingredientes ya preparados: el caldo, los garbanzos de bote y el puré de patatas instantáneo. Si quieres hacerlo todavía más fácil, puedes eliminar el arroz.

Si, en cambio, quieres lograr un potaje más rico pero igual de fácil, puedes añadir otras legumbres cocidas, como alubias rojas y lentejas, u otras hortalizas como zanahorias y acelgas. Y si no te importa que el nivel de colesterol sea algo más que «cero», puedes añadir un hueso de jamón o un trozo de jamón ibérico sin nada de grasa.

PROPIEDADES POR RACIÓN:

Proteínas: 12 g   **H. Carbono: 36 g**   **Grasas: 13 g**   **Colesterol: 0 mg**   **Calorías: 309 kcal**

invierno

Sopas reconstituyentes pero ligeras, potajes imaginativos y energéticos con una gran diversidad de ingredientes son la alternativa para entrar en calor durante los meses más fríos, en los que se agradece el efecto benéfico de las combinaciones más variadas y ricas.

6 | 35 min. | 10 min. | | | ● | cazuela | ●

Gazpacho caliente

4 tomates medianos maduros
2 dientes de ajo
1 pimiento verde
1 pimiento rojo
1 kg de pan del día anterior
1 naranja amarga
4 cucharadas aceite de oliva
sal

Casi con los mismos ingredientes, pero en invierno, se hacen los gazpachos calientes. Las cualidades refrescantes de las recetas veraniegas se ven compensadas en este caso por la potenciación de los sabores y el toque ácido de la naranja.

1   Pon en una cazuela a fuego bajo los tomates pelados y cortados a trozos grandes y una rebanada de pan, y cúbrelo todo con agua. Cuando arranque el hervor, saca los tomates y reserva el agua con el pan.

2   Quita las semillas a los pimientos y córtalos a trozos pequeños, pela los ajos y machácalo todo en un mortero con un poco de sal y una pizca de aceite. Cuando hayas obtenido una pasta, pásala a un cuenco grande de madera, añade los tomates y la rebanada de pan escurrida, y sigue majando y mezclando.

3   Desmigaja el resto del pan con las manos y ve añadiendo las migas sin dejar de mezclar. Agrega poco a poco el agua caliente de los tomates, hasta obtener una sopa de la misma consistencia que el gazpacho veraniego, aunque menos fina. Al final, añade el resto del aceite.

4   Tapa el cuenco y deja reposar durante 15 minutos para que el pan se esponje bien y absorba el sabor de los ingredientes. Después exprime la naranja, añade el zumo al gazpacho, mezcla bien y ya está a punto para servir.

5   Si no te gusta la consistencia espesa de este gazpacho, puedes pasarlo un poco por la batidora.

Si prefieres un gazpacho más caliente para los días más fríos, puedes seguir otra de las formas tradicionales de preparar este plato, que consiste en poner a hervir el preparado en una cazuela durante un par de minutos antes de añadirle el zumo de naranja.

La receta tradicional de este gazpacho no lleva pepino porque años atrás no se conseguían pepinos en invierno. Sin embargo, no hay ningún inconveniente en utilizarlos, triturándolos antes en la batidora o con el minipimer.

PROPIEDADES POR RACIÓN:

| Proteínas: 12 g | H. Carbono: ? g | Grasas: 69 g | Colesterol: 0 mg | Calorías: 342 kcal |

4	15 min.	40 min.			●	olla horno	●

1 1/2 kg de cebollas

4 cucharadas de mantequilla

2 cucharadas de aceite

6 vasos de caldo de carne

1 cucharada de harina

1 vasito de vino blanco seco

1 cucharadita de azúcar

1 cucharada de coñac

8 rebanadas pequeñas de pan

4 cucharadas de queso gruyer rallado

4 cucharadas de queso parmesano rallado

sal y pimienta

Si eliminas el queso rallado y sustituyes la mantequilla por aceite de oliva, la sopa de cebolla sigue siendo muy sabrosa y nutritiva y pierde la mayor parte de su contenido en grasas, calorías y colesterol. Si te decides por esta última versión, no irá mal un poco de pimienta recién molida a gusto de cada comensal.

Un buen truco para pelar las cebollas sin que escuezan los ojos consiste en sumergirlas, una vez peladas, en agua caliente con vinagre durante 15 minutos. Este truco no sirve si se va a consumir la cebolla cruda, pero para esta receta puede resultar muy útil.

Puedes eliminar el último paso del gratinado en el horno, pues si la sopa está muy caliente el pan se empapa con rapidez y el queso se funde bien gracias a la temperatura del líquido.

Sopa de cebolla

Francesa como la que más, la *soupe a l´oignon* es la versión más suculenta y completa de las variantes de una receta que sigue siendo sabrosa y nutritiva aunque se eliminen sus ingredientes más pesados, el queso y la mantequilla.

1 Pela y corta las cebollas en gajos y dóralas en una olla con el aceite y la mantequilla, calentados previamente. Hazlo con el fuego bajo, removiendo con frecuencia, hasta que casi queden caramelizadas, pero sin quemarse, ni siquiera las puntas. Puedes tardar unos 25 minutos.

2 Salpimenta, añade la harina y mezcla bien durante un par de minutos. Después, vierte el vino, sube a fuego medio y déjalo reducir un poco.

3 Incorpora el caldo, sube el fuego y deja hervir durante 10 minutos a fuego medio. Después, añade el coñac y el azúcar, además de 2 cucharadas de una mezcla de los dos quesos. Remueve durante 2 minutos y retira del fuego. Enciende el horno.

4 Reparte la cebolla y el caldo en cuencos individuales. Pon en cada uno un par de rebanaditas de pan previamente tostado, espolvorea con el resto del queso mezclado e introduce en el horno a 180 ºC durante 10 minutos, hasta que el queso empiece a estar ligeramente gratinado.

PROPIEDADES POR RACIÓN:

Proteínas: 21 g	H. Carbono: 43 g	Grasas: 38 g	Colesterol: 95 mg	Calorías: 598 kcal

6-8	25 min.	90 min.		●●	olla	●	

100 g de garbanzos cocidos
100 g de lentejas cocidas
100 g de fideos
100 g de arroz
3 cebollas medianas
1 kg de tomates maduros
1 apio (la parte blanca del centro)
500 g de carne magra de cordero o
 ternera
3 cucharadas de harina
2 pellizcos de azafrán
5 limones
6 cucharadas de perejil picado
6 cucharadas de cilantro picado
 (opcional)
2 cucharadas de aceite de oliva
1 cucharadita de pimienta blanca
sal

La harira se sirve caliente en cuencos o platos hondos, acompañada por medio limón para que cada comensal la aderece a su gusto. Sin embargo, las personas a las que moleste la acidez del limón pueden prescindir perfectamente de él sin que la sopa pierda un ápice de su interés gastronómico. Lo mismo se puede decir del cilantro, que tiene un aroma muy característico.

Si quieres que la receta gane en exotismo la puedes acompañar, tal como hacen en diversos países árabes, con dátiles o pastelillos de miel.

Sopa harira

La harira es quizá el plato más apreciado en el mundo musulmán, pues con ella se pone fin a los treinta días de ayuno del Ramadán. Es por tanto una sopa de fiesta y celebración, una expresión más de la milenaria cultura gastronómica mediterránea.

1 Calienta aceite en una una olla y agrega las cebollas peladas y picadas finas, y el apio sin hilos y picado pequeño. Rehoga a fuego lento durante 10 minutos.

2 Agrega la carne, sal y pimienta. Cúbrelo todo con 2 litros de agua y sube el fuego. Cuando arranque el hervor, sazona, tapa la cazuela, baja el fuego al mínimo y deja cocer durante 50 minutos.

3 Retira la olla del fuego y comprueba que la carne esté bien tierna. Retírala y resérvala en una bandeja, tapada con papel de aluminio. Imprégnala bien con caldo de la cocción para que no se reseque.

4 Mezcla la harina con un vaso de caldo y disuélvela bien. Agrégala al caldo y remueve bien. Añade también los tomates sin piel ni semillas, cortados en dados pequeños, el arroz, los fideos y el azafrán. Deja cocer 30 minutos a fuego medio.

5 Diez minutos antes de acabar, añade el zumo de un limón, los garbanzos, las lentejas, el perejil picado y el cilantro (no es imprescindible). Comprueba el punto de sal.

6 Antes de servir, introduce de nuevo la carne en la sopa y déjala calentar. Se suele servir muy caliente, en una bandeja aparte, aunque hay quien la prefiere mezclada en la sopa.

PROPIEDADES POR RACIÓN:

Proteínas: 9 g	H. Carbono: 29,5 g	Grasas: 11 g	Colesterol: 0 g	Calorías: 253 kcal

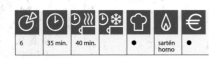

6	35 min.	40 min.		•	sartén horno	•

400 g de espinacas frescas

1 kg de patatas

2 cebollas

1 cucharada de harina

1/2 litro de leche desnatada

4 cucharadas de queso rallado

4 huevos

1 ramita de perejil

1 diente de ajo

1 cucharada de vinagre

1 pizca de nuez moscada

6 cucharadas de aceite de oliva

sal y pimienta

Esta receta tiene dos partes bien diferenciadas: la crema de espinacas propiamente dicha, que puede tomarse sola, como un primer plato ligero y reconstituyente, y la versión simplificada de las patatas a lo pobre. La suma de las dos recetas da como resultado un segundo plato de una cierta contundencia. Si decides usar una parte de la crema para tomarla sola, se puede adornar con algunos champiñones salteados y unas cucharadas de piñones tostados, e incluso con un poco de jamón.

Para dar más riqueza de sabores a las patatas puedes hacerlas siguiendo la receta tradicional, con pimientos rojos y verdes fritos o asados, cebolla sofrita y un poco de vinagre. También se pueden eliminar los huevos.

Crema de espinacas con patatas a lo pobre

Una interesante variación de dos recetas que a primera vista pueden parecer irreconciliables, pero que sometidas a la cocción en el horno dan como resultado un plato energético y reconstituyente para hacer frente a los fríos invernales.

1   Lava varias veces las espinacas, córtalas en tiras y déjalas hervir durante 5 minutos en agua hirviendo con sal. Ponlas a escurrir para que suelten toda el agua.

2   Pela y pica muy fina una cebolla y sofríela en una sartén con aceite. Cuando empiece a dorarse, agrega las espinacas, sube el fuego y sigue cociendo y removiendo durante 5 minutos más.

3   Añade la harina y la leche hirviendo, salpimenta, agrega la nuez moscada y sigue rehogando durante otros 5 minutos sin dejar de remover. Retira del fuego y pasa por la batidora.

4   En otra sartén, fríe a fuego vivo las patatas peladas y cortadas en láminas de medio centímetro, con la otra cebolla picada fina. Cuando las patatas estén tiernas (10 minutos aproximadamente), escúrrelas bien.

5   Bate los huevos y viértelos sobre las patatas escurridas y colocadas sobre el fondo de una bandeja para el horno. Precalienta el horno a 180 ºC.

6   Machaca en el mortero el diente de ajo y el perejil, con un chorrito de vinagre, y repártelos sobre las patatas. Cúbrelo todo con la crema de espinacas, espolvorea el queso por encima y gratina hasta que el queso esté ligeramente dorado.

PROPIEDADES POR RACIÓN:

Proteínas: 17 g	H. Carbono: 34 g	Grasas: 26 g	Colesterol: 181 mg	Calorías: 438 kcal

6	30 min.	60 min.			●	olla	●

Minestrone

La sopa minestrone, con sus múltiples variantes regionales, es una sopa de verduras y legumbres con nombre propio, famosa en todo el mundo y marcada por el característico sabor del también célebre queso de Parma.

200 g de alubias blancas cocidas
200 g de judías verdes
100 g de guisantes congelados
2 zanahorias
1 pimiento rojo
1 calabacín mediano
1 hinojo
2 ramas de apio del centro
2 patatas medianas
3 tomates maduros
2 cebollas
4 dientes de ajo
1 ramillete de hierbas aromáticas
1 cucharada sopera de albahaca
1 l de caldo de verduras
**6 cucharadas de aceite de oliva
   virgen**
sal y pimienta

1   Pela y corta a dados pequeños las zanahorias y el el pimiento. Haz lo mismo con   el calabacín y el hinojo. Quita los hilos del apio y córtalo en forma de palitos de unos 5 centímetros de largo. Elimina las puntas de las judías verdes y córtalas a trozos.

2   Coloca todas las verduras en una olla con un litro de agua fría con sal y otro de caldo de verduras, 3 cucharadas de aceite, sal, pimienta y el ramillete de hierbas. Deja hervir durante 45 minutos a fuego bajo, con la olla tapada. Pasado este tiempo, retira las hierbas.

3   Pela las cebollas y los ajos y trínchalos pequeños, escalda los tomates y pícalos, procurando eliminar las semillas. Sofríelo todo lentamente en una sartén con aceite. En los últimos minutos añade la albahaca trinchada.

4   Añade este sofrito a la olla de las verduras, junto con los guisantes, las alubias y las patatas cortadas a cuadrados más bien pequeños. Deja hervir a fuego lento durante 15 minutos hasta que las patatas estén tiernas.

Esta sopa se sirve tradicionalmente en Italia con un cuenco de parmesano rallado, el molinillo de pimienta negra y una botella de aceite de oliva virgen en el centro de la mesa para que los comensales se aderecen la sopa a su gusto.

Otra alternativa, si a todo el mundo le gusta el parmesano, consiste en añadir algunas cucharadas a la olla 2 minutos antes de que finalice la cocción. En este caso, habrá que reducir la sal, porque el parmesano es un queso de sabor fuerte y salado.

PROPIEDADES POR RACIÓN:

Proteínas: 14 g	H. Carbono: 31,7 g	Grasas: 19,5 g	Colesterol: 8 mg	Calorías: 355,5 kcal

| 6 | 30 min. | 45 min. | | • | olla | • |

600 g de carne magra de ternera o cordero

100 g de fideos gruesos y cortos

300 g de alubias blancas cocidas

4 patatas

5 tomates maduros pelados

2 cebollas medianas

1 rama de apio blanca

6 dientes de ajo

2 hojas de laurel

1 cucharadita de de perejil picado

4 cucharadas de aceite de oliva,

6 rebanadas de pan pequeñas

sal y pimienta

Este potaje también puede hacerse con carne magra de cerdo, si puede ser ibérico mucho mejor, pues tiene un sabor radicalmente distinto que la del cerdo de granja. En la actualidad es cada vez más fácil encontrar carne de cerdo ibérico en las buenas tocinerías.

Si no consigues este tipo de carne, puedes lograr un resultado parecido añadiendo al sofrito de cebolla unas tiras de jamón ibérico sin rastro de grasa. También puede servir la panceta sin ahumar, pero esto ya es harina de otro costal.

Potaje de alubias y verduras con carne y fideos

Un potaje total, que reúne en su elaboración ingredientes de todo tipo, desde las verduras y las legumbres hasta la carne y la pasta. La variedad de sabores reunidos en este potaje, con su consiguiente compenetración final, es un festín para el paladar.

1   Pela las patatas y córtalas a trozos grandes, quita los hilos del apio y córtalo a trocitos de medio centímetro. Colócalo todo en el fondo de una olla, cubre con agua, sazona y añade una cucharada de aceite. Agrega el laurel y pon a hervir durante 15-20 minutos. Comprueba el tiempo de cocción de los fideos e incorpóralos en el momento preciso.

2   Corta la carne en filetes finos, como para rebozar, y fríela ligeramente en una sartén con aceite. Retírala y ponla a escurrir en papel absorbente. Pela y pica finas las cebollas, los ajos y el perejil y sofríelos a fuego bajo hasta que la cebolla empiece a dorarse. Añade los tomates, pelados, sin semillas y picados finos.

3   Al cabo de unos 15 minutos, cuando el tomate haya absorbido su jugo, pon a escurrir el sofrito.

4   Saca de la olla los trozos de patata, cháfalos con un tenedor y vuelve a incorporárlos. Añade ahora las alubias cocidas y el sofrito escurrido. Deja hervir 5 minutos, removiendo sin parar.

5   Tuesta en la tostadora las rebanadas de pan. Si sirve con una rebanada de pan en cada plato.

PROPIEDADES POR RACIÓN:

| Proteínas: 32 g | H. Carbono: 52 g | Grasas: 13 g | Colesterol: 89 mg | Calorías: 453 kcal |

6-8 30 min. 90 min. • olla •

90 g de alubias pintas remojadas

90 g de lentejas remojadas

90 g de guisantes congelados

90 g de cebada perlada

2 tomates maduros

1 cebolla mediana

1 zanahoria mediana

1 rama de apio blanca

2 dientes de ajo

2 ramitas de tomillo fresco

2 hojas de laurel

1 ramita de salvia

1 corteza de queso parmesano

4 cucharadas de aceite de oliva
   virgen

pimienta en grano

sal

Esta sopa, como toda sopa que se precie, se conserva varios días en el frigorífico y puede recalentarse varias veces. Se volverá más espesa, pero bastará con añadirle un poco de caldo de verduras o agua en el momento de calentarla.

La cebada perlada puede encontrase en las tiendas de alimentación biológica (también en los supermercados de algunas grandes superficies comerciales) y es un alimento con grandes cualidades terapéuticas, muy apreciada en países como China y Egipto, aunque también forma parte de algunas recetas mediterráneas, sobre todo en Italia.

Sopa de legumbres toscana

Como dijo un célebre escritor : «Una sopa de primer orden supera en creatividad a una pintura de segundo orden.» Una frase que puede aplicarse perfectamente a esta sopa, de cuya receta tradicional se ofrece aquí una versión simplicada y fácil de elaborar.

1 Lava y corta en trozos pequeños toda la verdura (la cebolla, la zanahoria, el apio, el tomate y el ajo), y colócalos en el fondo de una olla grande con el aceite y las hierbas (tomillo, laurel, salvia) atadas con un hilo de algodón.

2 A fuego bajo, remueve bien durante 5 minutos, hasta que las verduras estén blandas y aromáticas. Añade las alubias, las lentejas y la cebada perlada, además de 3 litros de agua y el aceite.

3 Tapa la olla y deja hervir durante 45 minutos a fuego bajo. Sazona, añade la corteza de queso y deja cocer 45 minutos más, controlando el punto de cocción de las legumbres, por si ya estuvieran a punto antes de que haya transcurrido este tiempo. Diez minutos antes del final, añade los guisantes y retira las hierbas y la corteza de queso.

4 Se sirve, como es habitual en las mesas italianas, con aceite de oliva virgen de primera calidad, queso parmesano rallado y el molinillo de pimienta, para que cada comensal aderece la sopa a su gusto.

PROPIEDADES POR RACIÓN:

Proteínas: 13 g   H. Carbono: 28 g   Grasas: 5 g   Colesterol: 0 mg   Calorías: 209 kcal

4	45 min.	35 min.		•	olla sartén	•

Crema de garbanzos con merluza

300 g de garbanzos cocidos

300 g de merluza sin espinas
  cortada a lo largo

2 patatas grandes

1 puerro

2 dientes de ajo

1 hoja de laurel

2 cucharadas de harina

4 cucharadas de aceite de oliva

sal

Una receta doble, con dos texturas muy diferenciadas, la de la crema y la del pescado frito, que se complementan a la perfección y permiten numerosas combinaciones sobre una única base.

1 Pela las patatas y el puerro, córtalos y ponlos a cocer junto con los garbanzos en una olla con un litro de agua, sal, la hoja de laurel, los dos ajos pelados y 2 cucharadas de aceite de oliva.

2 Deja hervir durante 30 minutos, hasta que los garbanzos y las patatas empiecen a deshacerse.

3 Retira los ajos, el laurel y la mitad del caldo y tritura el resto con el minipimer hasta conseguir una crema más bien espesa. Si han quedado hilos del puerro, pasa la crema por el chino para eliminarlos.

4 Corta la merluza en tiras de un dedo de grosor, sazónalas, pásalas por harina y fríelas a fuego rápido en una sartén con el resto del aceite. Deben quedar doraditas por fuera y jugosas por dentro. Deja escurrir bien en un colador de malla amplia, pues el papel de cocina puede reblandecer el rebozado.

5 Se sirve colocando la crema de garbanzos en la base del plato y los palitos de merluza encima.

Para enriquecer el sabor del conjunto y el contraste entre dulce y salado, puedes sofreír unas cucharadas de salsa de tomate muy poca sal y una cucharadita de de azúcar, y adornar el plato con esta salsa.

El sabor de la crema de garbanzos combina muy bien con otros pescados rebozados y fritos, como el bacalao (desalado), las sardinas (no muy grandes) y los boquerones (lomos separados y sin espina, igual que las sardinas). Si te decides por una combinación abundante de los tres tipos de pescado, esta crema puede convertirse en un segundo plato muy completo.

PROPIEDADES POR RACIÓN:

Proteínas: 34 g	H. Carbono: 37,5 g	Grasas: 13 g	Colesterol: 34 mg	Calorías: 403 kcal

4	15 min.	50 min.		●	cazuela	●

Sopa de arroz con pimientos, puerros y jamón

1 pimiento verde

1 pimiento rojo

1 pimiento amarillo (variedad
  dulce italiana)

3 puerros

1 diente de ajo

100 g de jamón ibérico

1 1/2 l de caldo de pollo o de
  verduras

1 taza de arroz

3 cucharadas de aceite de oliva

1 ramita de perejil

sal

Una sopa sencilla pero muy nutritiva y sabrosa, ya que el fuerte sabor combinado de los pimientos y el jamón es absorbido por el arroz, convirtiendo un plato de apariencia simple en un auténtico placer gastronómico.

1 Corta en rodajas finas la parte blanca de los puerros, y los pimientos en trozos pequeños. Pica el ajo finísimo. Ponlos a pochar en una cazuela honda con el aceite, a fuego muy bajo, hasta que queden totalmente blandos (20 minutos aproximadamente). Procura que no se doren. Sazona, pero muy ligeramente, pues hay que tener en cuenta el jamón.

2 Retira la grasa del jamón, pícalo muy fino, añádelo a la cazuela y sigue rehogando durante un par de minutos. Añade el caldo y deja hervir a fuego bajo durante 10 minutos.

3 Incorpora el arroz, que tardará entre 15 y 20 minutos según la variedad. Es mejor que quede un poco al dente. Comprueba el punto de sal antes del final de la cocción. Si las pieles de los pimientos se han separado de la carne, retira todas las que puedas antes de servir. Espolvorea con perejil picado.

Si no encuentras con facilidad pimientos amarillos, puedes sustituirlos por 4 pimientos del piquillo de lata, que también son muy dulces. Antes de usarlos, ábrelos y elimina las semillas, que suelen ser pequeñas, abundantes e indigestas.

Una manera de evitar el problema de las pieles consiste en asar los pimientos frescos en el horno envueltos en papel de aluminio, para pelarlos posteriormente. En este caso, habrá que pochar solamente el ajo y los puerros.

PROPIEDADES POR RACIÓN:

Proteínas: 1 g	H. Carbono: 19 g	Grasas: 14 g	Colesterol: 17,5 mg	Calorías: 241 kcal

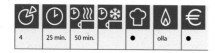

4 | **25 min.** | **50 min.** | | | **olla** |

Potaje marroquí de pollo con garbanzos

1 pollo pequeño cortado en
   octavos

200 g de garbanzos cocidos

100 g de fideos finos

6 tomates maduros

2 puerros

1 manojo de cebollas tiernas

1 ramita de perejil

1 ramita de cilantro

2 cucharadas de harina de maíz

1 cucharadita de pimienta negra

1 cucharadita de cúrcuma

1 bastón de canela

1 limón

4 cucharadas de aceite de oliva

sal

Un plato tradicional del mundo árabe, repleto de intensos aromas pero basado en los ingredientes más tradicionales de la cuenca mediterránea. Una buena manera de adentrarse en el mundo gastrónomico del sur de nuestras costas.

1   Pela y pica finos los puerros y la cebolla, y rehógalos a fuego muy bajo en una cazuela honda con el aceite hasta que empiecen a dorarse.

2   Escalda los tomates, quítales la piel y las semillas, córtalos a trozos medianos, y agrégalos a la olla con el perejil picado, el cilantro, la pimienta, la canela, la cúrcuma y el zumo del limón. Cubre con agua fría y la mitad más de su volumen. Sazona.

3   Cuando el contenido de la olla comience a hervir, limpia bien el pollo de pieles y grasa, sazónalo e incorpóralo al potaje. Deja hervir a fuego bajo hasta que el pollo esté tierno (30-45 minutos aproximadamente, según el tamaño de las piezas). Controla que no falte agua, pues al final debe quedar caldoso.

4   Diez minutos antes del final, agrega los garbanzos, los fideos y la harina de maíz disuelta en un poco de caldo de cocción.

Asegúrate de que a los comensales les gusten las especias y hierbas que lleva esta receta, pues algunas son bastante fuertes. Si eliminas alguna (la cúrcuma, por ejemplo), la receta perderá parte de su exotismo, pero resultará más fácil contentar a todo el mundo.

Si no te parece suficientemente apetitoso el pollo hervido (que queda impregnado por el sabor de hierbas y especias), puedes proporcionarle un sabor dominante y una textura distinta friéndolo un poco en una sartén con unos cuantos ajos picados, como si fuera pollo al ajillo.

PROPIEDADES POR RACIÓN:

Proteínas: 42 g   H. Carbono: 40 g   Grasas: 19,5 g   Colesterol: 112,5 mg   Calorías: 505,5 kcal

| 4 | 20 min. | 5 min. | | • | olla | • |

Gazpacho de pan tostado con naranja

1 pan redondo de 1/2 kg

2 pimientos rojos asados

1 diente de ajo

1 cucharadita de pimentón dulce

6 cucharadas de aceite de oliva

1 naranja amarga

Una nueva versión del popular gazpacho, esta vez también en clave invernal y con el interesante añadido del sabor del cítrico más popular, la naranja. Una receta sencillísima y muy apetitosa para cuando no se dispone de demasiado tiempo.

1   Corta el pan en rebanadas de un centímetro y tuéstalas en la parrilla del horno. Frótalas muy ligeramente con el ajo pelado y resérvalas en una bandeja.

2   Machaca en el mortero, con poco de sal, los pimientos asados sin piel y cortados a trocitos.

3   Pon a hervir un litro de agua en una olla, añade el aceite, el pimentón y la pasta de los pimientos.

4   Cuando empiece a hervir, añade el zumo de la naranja, remueve durante un minuto y retira del fuego.

5   Coloca las rebanadas en unos platos hondos (un par en cada uno) y vierte el caldo por encima, varias veces, hasta que queden bien empapadas. También se puede servir con el pan aparte, para que cada comensal utilice la cantidad que le apetezca.

Para sacarle el máximo rendimiento a esta receta es imprescindible tener los pimientos asados con anterioridad. Lo más conveniente es asar una docena en el horno (con la técnica habitual del papel de aluminio) y tenerlos pelados en la nevera sumergidos en una mezcla de aceite y de su propio jugo, y sin sal.

Si no te gustan los sabores demasiado fuertes, puedes saltarte el paso de frotar las rebanadas con ajo.

PROPIEDADES POR RACIÓN:

Proteínas: 22 g   H. Carbono: 62 g   Grasas: 17 g   Colesterol: 0 mg   Calorías: 445 kcal

Sopa de verduras con cordero al limón

200 g de carne magra de cordero

1 zanahoria

1 nabo

1 puerro

1 cebolla mediana

1 tomate maduro

1 tallo de apio del centro

1 ramillete de perejil

1 hoja de laurel

2 yemas de huevo

50 g de sémola de trigo

1 limón

1 cucharada de orégano

2 cucharadas de aceite de oliva

sal y pimienta

Una original receta a medio camino entre las cremas y las sopas, que se puede terminar de más de una manera. La versión que más se acerca a la crema tiene la ventaja de que permite rebajar hasta niveles mínimos el contenido graso.

1 Limpia a conciencia la carne de restos de grasa, y córtala en cuadrados. Ponla a cocer en una olla con un litro y medio de agua, el aceite y el laurel. Cuando arranque el hervor, espuma varias veces el caldo para eliminar las impurezas.

2 Lava y pela bien las hortalizas, córtalas bien pequeñas e incorpóralas a la olla. Deja cocer durante 45 minutos.

3 Añade la sémola y el perejil sin picar, salpimenta y deja cocer hasta que la carne empiece a deshacerse.

4 Retira el laurel y el perejil, y la carne con una espumadera. Bate la carne en la batidora o con el minipimer, con la ayuda de un poco de caldo, hasta obtener un puré. Déjalo enfriar, pues de este modo podrás eliminar la grasa, que quedará solidificada en la superficie.

5 En un plato hondo con un poco de caldo, mezcla las yemas con el zumo del limón.

6 Incorpora a la olla esta mezcla, y también el puré de carne, y remueve a conciencia para que quede todo bien ligado. Calienta a fuego bajo durante unos 5 minutos. Se sirve con orégano espolvoreado encima de los platos.

Si no quieres que la sopa tenga una consistencia tan espesa, usa para hacer el puré solamente una tercera o una cuarta parte del cordero, y el resto añádelo al final sin picar. De esta forma, sin embargo, no se logra el objetivo de eliminar totalmente la grasa, aunque si la carne es magra se tratará de una cantidad mínima.

La cantidad de agua (o de caldo de carne o verduras, si lo prefieres, varía bastante según la presentación final del plato. Si vas a hacer una crema, debes controlar que nunca sea excesiva, eliminando y reservando algún vaso a medida que avanza la cocción.

PROPIEDADES POR RACIÓN:

Proteínas: 12 g	H. Carbono: 14 g	Grasas: 13 g	Colesterol: 162 mg	Calorías: 221 kcal

| 6-8 | 20 min. | 50 min. | | | cazuela | |

Sopa de col con alubias blancas y verduras

300 g de alubias blancas cocidas

300 g de col

2 puerros

1 cebolla

1 diente de ajo machacado

1 tallo de apio picado

1 ramita de tomillo

1 ramita de romero

1 ramita de perejil

2 cucharadas de salsa de tomate

**1 1/2 l de caldo de verduras o
   de pollo**

3 cucharadas de aceite de oliva

sal y pimienta

La col y las alubias son dos productos de la huerta que se combinan muy bien y suelen dar como resultado platos de una textura muy fina. En forma de sopa con otras verduras y hierbas aromáticas resultan además mucho más ligeras.

1   Corta la col en rodajas de unos 2 centímetros, separa bien las hojas y lávala. Corta los puerros en rodajas de un centímetro, y pica finos la cebolla, el ajo y el apio.

2   Calienta un poco el aceite en una cazuela honda o en una olla y sofríe durante 10 minutos a fuego bajo la cebolla, el ajo y el apio, removiendo de vez en cuando.

3   Añade los puerros, la col, el tomillo y el romero, mezcla bien y deja regohar 10 minutos más.

4   A continuación, añade el caldo de verduras y la salsa de tomate, salpimenta y remueve bien todo el contenido, para que quede bien mezclado. Sube el fuego hasta que empiece a hervir. Deja cocer durante 30 minutos a fuego bajo y con la cazuela tapada.

5   A los 15 minutos, incorpora las alubias y retira las ramas de romero y tomillo. Rectifica de sal si es necesario, ya que la col es bastante dulce. En el último momento, antes de servir, añade el perejil picado muy fino. Se puede servir con trocitos de pan frito.

El secreto de esta sopa se halla en el toque aromático que el tomillo y el romero dan al caldo. Es importante que la sopa no quede demasiado espesa ni demasiado líquida, por lo que habrá que controlar con cuidado la cantidad de líquido final.

Como en todo este tipo de sopas, tan mediterráneas, en esta receta está permitida, e incluso recomendada (sobre todo en invierno), la adición de pasta en forma de fideos o de pasta pequeña para sopa (tiburones, pistones...), en un acercamiento a la muy italiana receta de *pasta e fagioli*.

PROPIEDADES POR RACIÓN:

| Proteínas: 4,5 g | H. Carbono: 11,5 g | Grasas: 5 g | Colesterol: 0 mg | Calorías: 109 kcal |

índice